U0925446

看图学社交

帮助有社交问题的儿童掌握社交技能

徐　磊
张晓莉　主编
廖　敏

覃俊华　绘

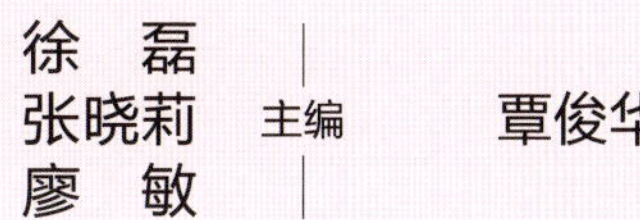

華夏出版社
HUAXIA PUBLISHING HOUSE

图书在版编目（CIP）数据

看图学社交：帮助有社交问题的儿童掌握社交技能 / 徐磊，张晓莉，廖敏主编；覃俊华插画．— 北京：华夏出版社有限公司，2022.8（2025.5 重印）
ISBN 978-7-5222-0150-4

Ⅰ.①看… Ⅱ.①徐… ②张… ③廖… ④覃… Ⅲ.①孤独症－儿童教育－特殊教育－心理交往 Ⅳ.① G766 ② C912.11

中国版本图书馆 CIP 数据核字（2021）第 135711 号

看图学社交：帮助有社交问题的儿童掌握社交技能

作　　者　徐　磊　张晓莉　廖　敏
绘 图 者　覃俊华
责任编辑　薛永洁

出版发行　华夏出版社有限公司
经　　销　新华书店
印　　装　三河市万龙印装有限公司
版　　次　2022 年 8 月北京第 1 版　2025 年 5 月北京第 3 次印刷
开　　本　880 × 1230　1/16 开
印　　张　11.25
字　　数　140 千字
定　　价　88.00 元

华夏出版社有限公司　地址：北京市东直门外香河园北里 4 号　邮编：100028　网址：www.hxph.com.cn　电话：（010）64663331（转）
若发现本版图书有印装质量问题，请与我社营销中心联系调换。

致谢

《看图学社交：帮助有社交问题的儿童掌握社交技能》集结了许多人的贡献与努力，从最初的常见案例收集和整理，到每个故事的编写及配图的绘制，再到后期所有图文的修改、调整，总共历时近五年才完成，最终呈现在读者面前的每个故事都是团队合作的成果。

我们首先要感谢广州市越秀区融爱之家特殊儿童服务中心（简称“融爱之家”）给予的全力支持和配合，帮助我们完成了向家长征集常见社交案例的工作，并在每个故事的编写和配图绘制过程中给予宝贵建议，这让我们编写的内容更加本土化，也更贴合读者实际的使用场景。

我们还要特别感谢广州本位教育咨询有限公司的核心团队成员容锦婵老师和薛清蕾老师，她们在本书的编写过程中为我们提供了无比重要的支持。

最后，我们还要衷心感谢华夏出版社的薛永洁编辑及其同事，感谢她们在书稿内容调整上提供的专业建议以及对书稿所有细节的认真校对，这也让我们受益匪浅！

前言

我们知道，孤独症儿童的核心症状包括社交互动与沟通障碍以及重复刻板的行为，但社会大众未必理解他们的这些问题和行为。许多孤独症儿童经过干预后各项技能似乎有了很大的进步，但当他们走入真实场景中时，仍然举步维艰。于是，为了搭建这群孩子与父母、同伴和社会沟通的桥梁，帮助他们更好地融入社会，张晓莉理事长在 2015 年与一群发展性障碍孩子的家长共同创办了融爱之家，一方面融爱之家开始带着孩子们在社区接触更多人，另一方面通过举办各种融合倡导活动，让更多的人能够了解和支持有特殊需要的孩子。融合是双向的，孩子们在努力地融入社会时，社会大众也应接纳并尊重个体差异，为他们营造良好的融合环境，帮助他们提升生活品质。

通过观察孩子们的日常生活，我们慢慢地发现，孩子们在不同的实际生活情境中具体表现出来的社交问题也不一样，以图画这种直观的方式将各类问题发生的情境一一呈现出来能够让他们较容易地理解各种社交事件，学习社交技巧，促进他们主动社交的欲望和提升尝试的勇气，让他们更乐观和自信，语言和社交能力也随之改善。

本书以孩子更容易理解和接受的图画形式呈现每一个社交情境，包含语言能力培养、社交能力培养和品格培养三个部分，循序渐进，既能锻炼孩子的语言能力，引导孩子发现问题及解决问题，思考并学习恰当的社交技巧，又能培养孩子优秀的品格。为了让此书更具有参考价值，书中的每一个社交情境均来源于真实案例，是由融爱之家向家长群体征集的上百个社交案例提炼而成，涉及家庭、学校、社区三大主要社交场合，基本涵盖了孩子成长中较为常见的社交情境和社交问题。作为一本社交训练用书，它体例新颖，实用性强，可以帮助家长、老师等快速掌握引导孩子发展语言能力及社交技巧的教学方法，可拿来即用。

期盼尽快和大家一起分享如此好书！

使用指南

本书要教什么?

这是一本针对孤独症谱系障碍孩子的语言 - 社交训练材料，家长、老师及治疗师可通过本书帮助谱系孩子提高语言和社交能力。同时，本书也适用于普通幼儿的语言和社交能力的学习。

在通过本书学习社交能力之前，孩子需要具备一定的语言能力。语言能力包括理解能力和表达能力。怎么判断孩子的理解能力水平呢？我们一般通过让他们回答 WH 问题来测试。WH 问题就是**谁**（WHO）、**哪里**（WHERE）、**什么**（WHAT）、**何时**（WHEN）、**为什么**（WHY）和**怎样**（HOW）。表达能力是指孩子能否完整地表达他们的思想，涉及不同的层次，最简单的是能说一个字，然后到词组、短句、长句、复杂句及段落，最高层次则能完整叙述一个事件。

社交能力主要包括：理解和使用非言语沟通的能力，如理解并使用表情、姿势和行为；换位思考能力，即明白他人的感受和想法；发现社交中的问题并解决问题和预期事件结果的能力；使用适当的言辞和语气来表达自己的能力。

语言能力和社交能力都是外化的能力，不管孩子的语言能力和社交能力程度如何，作为家长和老师，我们最终要通过提升孩子的语言能力和社交能力培养孩子的良好品格。这是针对社交问题最根本的解决方法。

本书以“融融”为主角，将他在家庭、社区和学校三大场合经常遇到的社交问题作为每个故事讨论的焦点，全书共计 80 个故事，每个故事分为“语言能力培养”“社交能力培养”“品格培养”三大板块，“语言能力培养”又分为“第一步：回答 WH 问题”“第二步：叙述事件”，“社交能力培养”又分为“第一个方面：察言观色和换位思考——理解表情、动作、感受、想法”“第二个方面：解决问题”“第三个方面：推测结果”“第四个方面：使用适当的言辞（说什么）和语气（怎么说）”。

本书的设计特点和使用方法[①]

图片

无论对于谱系学生还是对于普通幼儿，图片都是非常重要的视觉提示。如果在教学过程中只提供文字而没有图片，孩子通常无法集中注意力来听讲。图片同时可以帮助孩子学习非言语沟通能力，如理解表情、姿势和行为的意义，也就是我们通常说的察言观色的能力。基于多年与谱系孩子相处的经验，我们在绘制本书的图片时，注意避免呈现过多的细节来分散学生的注意力，也避免过于简单以致缺少必要的信息，更不会让图片过于抽象而难以理解。在使用本书时，您可以让孩子只看图片来吸引她 / 他的注意力，您自己使用文字部分。

全书共计 80 个故事，每个故事涉及 2~3 张图片，图片以粉

---

① 编注：关注微信公众号“华夏特教”，观看该书使用方法的示范视频。

底和蓝底进行区分。粉底的图片置于页面上端，呈现的是融融出现的社交问题及发生的情境，用于回答“语言能力培养第一步”“社交能力培养第一个方面”，有些故事会呈现 2 张粉底图片，为了方便读者快速地将图片和文字对应起来，对于涉及 2 张粉底图片的故事，我们会在“语言能力培养第一步”“社交能力培养第一个方面”这两个标题处标记对应的图片。蓝底的图片置于页面下端，呈现的是解决社交问题的方式，即正确的示范。

文字

教学者向孩子提的问题：书中提供的这些问题仅作为教学参考，您可以根据您为孩子制定的教育目标选择相应的问题。例如，如果孩子的语言能力发展较好，但是缺少换位思考的能力，您可以跳过语言能力培养部分，选择换位思考类的问题提问。提问时您可以直接使用书中的原话，也可以根据孩子的理解能力改变提出的问题。

教学者可以给孩子的提示：在培养孩子语言和社交能力的时候，设置教学任务的难易度非常重要。如果太难，孩子会有挫败感，学习的意愿也会受损；如果太简单，孩子则会感觉无聊。因此，设置的教学任务应是孩子在获得一些提示后能够完成的，所以需要根据孩子的能力使用不同程度的提示。提示可以分以下几种：第一种，也是给予的提示最多的一种，就是直接给出正确答案，让孩子重复；第二种，是给孩子一些选项，在两个选项间做选择对孩子来说比较容易，而在四个选项间做选择难度就会增加；第三种，是给孩子开个头，让他 / 她自己完成答案。在教学初期，我们通常会提供第一种提示，随着孩子技能的逐渐习得，我们给予的提示应当慢慢减少，变成第二种，然后第三种，直到孩子能独立地回答问题。本书中我们没有给出第一种提示，因为教学者可以直接给孩子提供正确答案。我们给出的提示主要是第二种，即提供选项。“社交能力培养第一个方面”里“肢体语言”“面部表情““情绪感受”都是提供的两个选项，书中其他提供选项的题项则提供的是四个选项（除个别题项外）。这些选项一般包括正确答案、完全不相干的答案以及近似正确的答案。在正确答案和完全不相干的答案之间做选择对孩子来说比较容易，在正确答案和近似正确的答案之间做选择对孩子来说会比较难。我们根据题目的难易程度以及现实可能性组合这些选项，因此，对于四个选项的题目，正确答案可能不止一个。有些选项体现了个人的育儿观，比较主观，教学者可以根据孩子的实际情况重新设置选项让孩子选择。在提供选项时，教学者也可以根据需要给予提示。尤其是对于“社交能力培养第一个方面”，教学者可以通过亲身表演某个肢体动作或面部表情，让学习者更好地理解，例如，在“肢体语言”中提到“僵硬 / 放松”时，教学者可以现场表演并让学习者摸一摸此时教学者身体肌肉的紧绷程度，来体会这两个词的含义。对于一些问题，我们也给出了第三种提示，即句子提示，给孩子开个头，让他 / 她自己完成答案。此外，教学者应根据每个孩子的情况事先教一些讨论情境所需的词汇。如果孩子在回答问题时只用一两个字，教学者可以帮助孩子将这些字扩展成词汇或简单的三到五个字的句子，并让他 / 她跟着自己重复，也可以给出上半句，让孩子自己完成下半句。

“品格培养”教学：教学者可以根据孩子的能力程度采用适合的教学方式，例如，直接读给孩子听，让孩子跟着重复，或者与孩子讨论。注意，教学者应在日常生活中结合具体事件培养孩子的这一品格，做到知行合一。

举例说明

为方便教学者分辨教学目标和教学方式，我们把不同的目标用不同的色条来区分：语言能力是粉色；社交能力是蓝色；品格培养是橘色。

以“家庭”的“故事 1 打不开罐子，就摔”中的“语言能力培养第一步：回答 WH 问题”问题 3 为例：

3 他们在哪里?

咖啡馆 / 餐馆 / 家中厨房 / 家中客厅；他们在______。

教学者可以指着图片问孩子：“他们在哪里？”如果孩子完全回答不出，教学者可以教孩子说：“客厅。”如果孩子已经学过“厨房”“客厅”等词，那么教学者可以问孩子：“是厨房还是客厅？”如果孩子的能力更高一些，教学者可以把四个选项都给孩子。如果孩子能自己说出“客厅”，家长可以提示孩子以句子的形式回答，对孩子说“他们在 ________”，等待孩子说“他们在客厅里”。

结语

提高孩子的语言和社交能力不是一朝一夕就能实现的。希望这本书能为家长、老师、治疗师等提供一些教学参考，以便在日常生活中带领孩子反复练习，从而提高孩子对他人感受的关注程度，认识并理解对大多数人来说不言自明、无师自通的社交规则。

各位家长、老师、治疗师辛苦了！愿你们用耐心、爱心和坚持为社会培养出快乐、有礼貌的孩子。

参考资料

American Speech-Language-Hearing Association (2016b). Scope of practice in speech-language-pathology [Scope of Practice]. Available from www.asha.org/policy/.

Everyday Speech (2020). Social Communication Curriculum. Available from https://everydayspeech.com/

Ketelaars, M. P., Cuperus, J. M., van Daal, J., Jansonius, K. & Verhoeven, L. (2009). Screening for pragmatic language impairment: The potential of the Children's Communication Checklist. *Research in Developmental Disabilities,* 30, 952–960.

Kenworthy, L, Anthony, L.G., Alexander, K. Werner, M, Cannon, L, & Greenman, L. (2014). *Solving Executive Function Challenges: Simple Ways to Get Kids with Autism Unstuck and on Target.* Brookes Publishing.

Swineford, L. B., Thurm, A., Baird, G., Wetherby, A. M., & Swedo, S. (2014). Social (pragmatic) communication disorder: A research review of this new DSM-5 diagnostic category. *Journal of Neurodevelopmental Disorders*, 6, 41.

Timler, G. (2008, November). Social communication: A framework for assessment and intervention. The ASHA Leader, 13, 10–13. Retrieved from http://dx.doi.org/doi:10.1044/leader.FTR1.13152008.10.

Vernon, D. S., Schumaker, J. B., & Deshler, D. D. (1996). *The SCORE Skills: Social Skills for Cooperative Groups.* Lawrence, KS: Edge Enterprises.

目 录

社区

家庭

故事 1 打不开罐子，就摔

语言能力培养第一步：回答 WH 问题

❶ 图片里有几个人？

图片里有______个人。

❷ 他们是谁？

壮壮 / 融融 / 妈妈 / 姨妈；他们是______。

❸ 他们在哪里？

咖啡馆 / 餐馆 / 家中厨房 / 家中客厅；他们在______。

❹ 他们是什么关系？

师生 / 朋友 / 家人 / 不认识；他们是______关系。

❺ 现在是什么时间？

早上 / 中午 / 下午 / 晚上；现在是______。

❻ 桌子上有什么？

茶壶 / 茶杯 / 水果 / 书；桌子上有______。

❼ 他们在做什么？

做饭 / 喝茶 / 谈话 / 看病；他们在______。

❽ 地上有什么？

茶杯 / 饼干罐 / 茶叶罐 / 盘子；地上有______。

❾ 融融在做什么？

讲话 / 扔东西 / 大叫 / 大笑；融融在______。

❿ 妈妈在做什么？

站着 / 坐着 / 大笑 / 看着融融；妈妈在______。

⓫ 姨妈在做什么？

站着 / 大叫 / 大笑 / 看着融融；姨妈在______。

语言能力培养第二步：叙述事件

请用自己的话描述图片。

提示：图片里有三个人。他们是融融、妈妈和姨妈。他们在家里的客厅里。他们是家人。现在是下午。他们在喝茶、谈话。他们的桌子上有茶壶和水果。地上有个饼干罐。融融扔了饼干罐。妈妈站着看着融融。姨妈坐着看着融融。

社交能力培养第一个方面：察言观色和换位思考——理解表情、动作、感受、想法

提问句式：xx 的肢体语言是怎样的？ xx 的面部表情是怎样的？ xx 有怎样的感受？ xx 是怎样想的？

融融

肢体语言：站着 / 坐着；摔了饼干罐 / 举着饼干罐；跺脚 / 抬脚

面部表情：张着嘴 / 紧闭嘴；皱眉 / 抬眉；大笑 / 大叫

情绪感受：生气 / 开心；着急 / 兴奋；难过 / 平静

内心想法：A. 怎么都打不开饼干罐，不要它了！

B. 扔到地上就能打开！

C. 气死我了！

D. 急死我了！

妈妈

肢体语言：身体前倾 / 后仰；双手伸出 / 放身侧

面部表情：嘴微张 / 闭；眼睛睁大 / 紧闭；抬眉 / 皱眉

情绪感受：吃惊 / 好笑；担忧 / 盼望；生气 / 平静

内心想法：A. 他好傻，好好笑啊！

B. 他又发脾气了！怎么办？

C. 哎呀，在他姨妈面前丢人了！

D. 他为什么不找我帮忙呢？

姨妈

肢体语言：僵硬 / 放松

面部表情：嘴微张 / 闭；眼睛睁大 / 紧闭

情绪感受：嘲笑 / 惊讶；害怕 / 开心；担忧 / 盼望

内心想法：A. 他好傻，好好笑啊！ B. 他好奇怪啊！

C. 他为什么要发这么大脾气呢？ D. 吓了我一跳！

社交能力培养第二个方面：解决问题

图片呈现的主要问题是什么？

A. 融融摔饼干罐 B. 融融发脾气

C. 融融打不开饼干罐 D. 妈妈生气了

如果你想做一件事但不能马上做到，你会有什么样的情绪？

A. 生气 B. 沮丧 C. 高兴 D. 平静

如果你想做一件事但不能马上做到，该怎么办？

A. 大叫，发脾气

B. 大笑，甩手，发出各种声音让自己感觉好一点

C. 请求大人的帮助

D. 告诉自己再试一下，如果确实做不到，再寻求帮助

打不开饼干罐这样的事情有多严重？

A. 根本不是事　　B. 是件小事

C. 是件比较大的事　　D. 是件很大的事

生活中你会经常遇到类似的事吗？可以举例吗？

提示：可以结合孩子的经历给予提示。

你感觉生气时会怎么做？

A. 大叫，发脾气

B. 大笑，甩手，发出各种声音让自己感觉好一点

C. 请求帮助

D. 深呼吸，告诉自己放松，评估问题的严重程度并找出解决问题的办法

社交能力培养第三个方面：推测结果

融融打不开饼干罐，就把它摔到地上，结果会怎么样？

妈妈生气，姨妈也会不高兴的。/ 妈妈和姨妈都觉得很好笑。

融融打不开饼干罐，平静地请妈妈帮忙，结果会怎么样？

妈妈帮他打开罐子。/ 妈妈很不耐烦。

社交能力培养第四个方面：使用适当的言辞（说什么）和语气（怎么说）

融融打不开罐子，该怎么说？

A. “妈妈，我打不开！”　　B. “妈妈，帮帮我！”

C. “怎么老是打不开啊！”　　D. “气死我了！”

融融该用什么语气请求帮助？

A. 生气　　B. 高兴　　C. 询问　　D. 平静

融融受挫时如果用生气的语言、语气来应对，妈妈、姨妈会有什么样的反应？

A. 生气　　B. 高兴　　C. 反感　　D. 平静

融融受挫时如果用平静的语言、语气请求帮助，妈妈、姨妈会有什么样的反应？

A. 生气　　B. 高兴　　C. 欣慰　　D. 平静

品格培养

学会自我控制。我们在受挫时，会很想要发泄这种负面情绪，但是发泄只会让自己和别人更生气，应该想办法让自己平静下来，才能很好地解决问题。

故事 2 将朋友抱得太紧

语言能力培养第一步：回答 WH 问题

❶ 图片里有几个人?

图片里有______个人。

❷ 他们在哪里?

咖啡馆 / 餐馆 / 家中厨房 / 家中客厅；他们在______。

❸ 他们是什么关系?

师生 / 朋友 / 家人 / 不认识；他们是______关系。

❹ 现在是什么时间?

早上 / 中午 / 下午 / 晚上；现在是______。

❺ 壮壮在做什么?

做饭 / 做客 / 谈话 / 看病；壮壮在______。

❻ 融融在做什么?

抱朋友 / 打朋友 / 和朋友玩 / 和朋友讲话；融融在______。

语言能力培养第二步：叙述事件

请用自己的话描述图片。

提示：图片里有两个人。他们在融融家的客厅里。他们是融融和他的朋友壮壮。现在是下午。壮壮来融融家做客。融融在抱壮壮。

社交能力培养第一个方面：察言观色和换位思考——理解表情、动作、感受、想法

提问句式：xx 的肢体语言是怎样的? xx 的面部表情是怎样的? xx 有怎样的感受? xx 是怎样想的?

融融

肢体语言：扑上去抱 / 保持距离

面部表情：张着嘴 / 紧闭嘴；眼睛眯起 / 睁大；大笑 / 大叫

情绪感受：生气 / 开心；着急 / 兴奋；担心 / 盼望

内心想法：A. 我要抱紧他，让他知道我非常喜欢他！

B. 我想和他玩摔跤游戏！

C. 抱着他好舒服，我要再抱紧一点！

D. 我讨厌他！

壮壮

肢体语言：往后仰 / 往前倾；抱融融 / 张开手

面部表情：嘴微张 / 闭；眼睛睁大 / 紧闭

情绪感受：吃惊 / 好笑；开心 / 害怕；平静 / 无奈

内心想法：A. 啊，他好喜欢我！我也喜欢他！

B. 啊，勒死我了！

C. 我不要和他玩了！

D. 吓我一跳！

社交能力培养第二个方面：解决问题

图片呈现的主要问题是什么?

A. 融融抱了壮壮　　B. 融融打壮壮

C. 融融将壮壮抱得太紧　　D. 壮壮太壮了

该怎么对朋友表达你很高兴见到他 / 她?

A. 紧紧地抱他 / 她　　B. 轻轻地抱他 / 她

C. 说“很高兴你来玩”　　D. 拿他 / 她最喜欢的玩具出来和他 / 她玩

社交能力培养第三个方面：推测结果

融融紧紧地抱壮壮，结果会怎么样?

壮壮感觉融融很奇怪，不要和他玩。/ 壮壮很开心，喜欢和融融玩。

融融轻轻地抱壮壮，结果会怎么样?

壮壮感觉融融很奇怪，不要和他玩。/ 壮壮很开心，喜欢和融融玩。

社交能力培养第四个方面：使用适当的言辞（说什么）和语气（怎么说）

壮壮来融融家玩，他刚进来时融融可以说什么?

A. “壮壮，来看我的新玩具！”　　B. “壮壮，你来啦，太好了！”

C. “壮壮，欢迎你来！”　　D. 什么话也不说

壮壮来融融家玩，融融该用什么语气和他说话?

A. 生气　　B. 高兴　　C. 滑稽　　D. 机器人式

品格培养

用温柔的方式与别人相处。与别人相处时，我们应该控制自己的动作力度和说话时的音量大小，轻重适中，让别人能感受到我们的友善。

融融
壮壮

融融
壮壮

故事 3 没完没了地要玩具

语言能力培养第一步：回答 WH 问题（见图 1）

❶ 图片里有几个人？

图片里有______个人。

❷ 他们是谁？

爸爸 / 妈妈 / 融融 / 妹妹；他们是______。

❸ 他们在哪里？

公园 / 餐馆 / 学校 / 家；他们在______。

❹ 他们在做什么？

做饭 / 做客 / 看电视 / 看病；他们在______。

❺ 融融在做什么？

问妈妈关于作业的问题 / 向妈妈要电视里的乐高玩具 / 问妈妈玩具怎么玩 / 向妈妈要电视里的衣服；融融在______。

语言能力培养第二步：叙述事件

请用自己的话描述图片。

提示：图片里有两个人。他们是融融和他的妈妈。他们在家里。他们在看电视。融融在向妈妈要玩具。

社交能力培养第一个方面：察言观色和换位思考——理解表情、动作、感受、想法（见图 2）

提问句式：xx 的肢体语言是怎样的？ xx 的面部表情是怎样的？ xx 有怎样的感受？ xx 是怎样想的？

融融

面部表情：盯着妈妈 / 看别处

情绪感受：好奇 / 渴望；着急 / 开心

内心想法：A. 我好想要那个玩具！

B. 我多说几遍妈妈就会给我买！

C. 妈妈不马上给我买，我就一直说一直说！

D. 我不说，妈妈也会给我买！

妈妈

肢体语言：一只手叉腰，另一只手扶额头 / 双手放身侧；头低下 / 头仰起；面对融融 / 背对融融

面部表情：嘴角向上 / 向下；眼皮耷拉 / 瞪眼

情绪感受：无奈 / 害怕；好笑 / 烦躁；生气 / 平静

内心想法：A. 这孩子，怎么说个没完，好烦人！

B. 好吧，好吧，我马上去买！

C. 你越吵，我越不给你买！

D. 这孩子，我真拿他没办法！

社交能力培养第二个方面：解决问题

图片呈现的主要问题是什么？

A. 融融问了妈妈一个问题　　B. 融融吵着要买玩具

C. 融融态度不好　　D. 融融不断重复同一个要求

该怎么跟爸爸妈妈要玩具？

A. 告诉爸爸妈妈你为什么需要那个玩具

B. 告诉爸爸妈妈你可以做到他们要你做的事以此来换玩具

C. 不停地问 / 要

D. 问爸爸妈妈为什么他们不能给你买这个玩具

社交能力培养第三个方面：推测结果

融融不断地问妈妈什么时候给他买乐高玩具，结果怎样？

妈妈觉得他很烦，更加不想给他买。/ 妈妈觉得他真的很想要，马上去给他买回来。

融融告诉自己，一天问同一个问题不超过三次，明天再问这个问题，然后去玩其他玩具，结果怎样？

妈妈很高兴，过了几天给融融买了乐高玩具。/ 妈妈觉得融融没那么想要，就没给融融买那个乐高玩具。

社交能力培养第四个方面：使用适当的言辞（说什么）和语气（怎么说）

融融想让妈妈给他买乐高玩具，他该怎么说？

A. “妈妈，你什么时候给我买乐高啊？”

B. “妈妈，我要乐高！”

C. “妈妈，请问你可以给我买一个乐高玩具吗？”

D. “妈妈，你什么时候给我买乐高？你什么时候给我买乐高？你什么时候给我买乐高？”

向爸爸妈妈要玩具时，我们该用什么语气？

A. 生气　　B. 询问

C. 机器人式　　D. 商量

品格培养

❶ **要有耐心。**当我们想要一样东西但不能马上得到时，我们需要告诉自己要有耐心。在等候的时候我们可以去做很多其他自己喜欢的事。不停地去想或要这个东西并不能让我们马上得到它，反而会让我们自己和别人都感到心烦。

❷ **懂得节制。**我们都想要很多东西，但是很多时候我们并不能得到我们想要的。得不到的时候我们不要钻牛角尖哦，要节制自己的欲望和行为。

故事 4 当面评论他人

语言能力培养第一步：回答 WH 问题

❶ 图片里有几个人？

图片里有______个人。

❷ 他们是谁？

爸爸 / 妈妈 / 叔叔 / 融融；他们是______。

❸ 他们在哪里？

公园 / 餐馆 / 学校 / 融融家；他们在______。

❹ 现在是什么时间？

早上 / 中午 / 下午 / 晚上；现在是______。

❺ 叔叔在做什么？

运动 / 换鞋 / 洗脚 / 看病；叔叔在______。

语言能力培养第二步：叙述事件

请用自己的话描述图片。

提示：图片里有三个人。他们是融融和他的爸爸，还有一位叔叔。他们在融融家里。现在是下午。叔叔在换鞋。

社交能力培养第一个方面：察言观色和换位思考——理解表情、动作、感受、想法

提问句式：xx 的肢体语言是怎样的？ xx 的面部表情是怎样的？ xx 有怎样的感受？ xx 是怎样想的？

融融

肢体语言：一只手捂鼻子，另一只手指着别人 / 两只手放背后

面部表情：眉头舒展 / 皱起

情绪感受：恶心 / 开心

内心想法：A. 我想和叔叔聊天！

B. 叔叔脚真臭！我得告诉他！

C. 叔叔脚真臭！我受不了啦！

D. 我不喜欢这个叔叔！

叔叔

肢体语言：脱鞋 / 挂衣服；弓背 / 直起身体

面部表情：嘴微张 / 闭；脸红 / 脸白

情绪感受：尴尬 / 自豪

内心想法：A. 这孩子，怎么这么说话！太没礼貌了！

B. 哎呀，真不好意思！

C. 不臭啊！我怎么没闻到！

D. 这孩子，我真拿他没办法！

爸爸

肢体语言：手摊开 / 手抱头；身体前倾 / 后仰

面部表情：张嘴 / 闭嘴；脸红 / 脸白

情绪感受：尴尬 / 自豪；吃惊 / 平静

内心想法：A. 这孩子，太丢我的脸了！　B. 这孩子，怎么能这么说话呢！

C. 不臭啊！我怎么没闻到！　D. 好孩子，说出了我的心里话！

社交能力培养第二个方面：解决问题

图片呈现的主要问题是什么？

A. 融融告诉叔叔他脚臭，弄得叔叔很不好意思

B. 融融说话太大声

C. 叔叔脚太臭

D. 融融脚臭

叔叔脚臭到别人能闻到，是好还是不好？

A. 无所谓　B. 好　C. 不好

类似这样不好的事该不该说出来？

A. 说不说无所谓

B. 不说，因为别人会尴尬

C. 说，要让他不好意思，以后才会注意

叔叔的脚臭，融融该怎么办？

A. 告诉叔叔他脚太臭　B. 捏着鼻子走开

C. 什么都不说　D. 给叔叔打盆洗脚水

社交能力培养第三个方面：推测结果

融融闻到叔叔脚很臭。他想也不想就说出他的感受，结果怎样？

叔叔很不好意思。/ 叔叔接受批评回去换袜子。

融融闻到叔叔脚很臭。他想了想，觉得这是不好的事情，决定什么也不说，结果怎样？

叔叔很不好意思。/ 什么事都没发生，叔叔聊了会儿天，高高兴兴地走了。

社交能力培养第四个方面：使用适当的言辞（说什么）和语气（怎么说）

融融闻到叔叔脚臭，他该怎么说？

A.“叔叔，你的脚好臭！”　　B.“叔叔，我去自己房间做作业了。”

C.“叔叔，你的脚闻着很香啊！”　　D. 什么也不说

如果融融说“叔叔，我去自己房间做作业了”，他该用什么语气？

A. 嫌弃　　B. 平静　　C. 询问　　D. 嘲讽

品格培养

1. **待人如己。**如果你脚臭，可能会希望别人能多多包涵！所以闻到别人脚臭，你也要多多包涵哦！
2. **体谅别人。**叔叔脚臭也不是他自愿的，可能他也没办法在来做客之前换袜子，或者他不知道自己的脚这么臭！
3. **不说负面的话。**说别人脚臭是负面的话，会让别人很尴尬，我们不说类似这样的话。

故事 5 未经许可玩别人的玩具

语言能力培养第一步：回答 WH 问题

❶ 图片里有几个人？

图片里有______个人。

❷他们是谁？

阿松 / 融融 / 壮壮 / 小美；他们是______。

❸ 他们在哪里？

公园 / 餐馆 / 学校 / 壮壮家；他们在______里。

❹ 融融在做什么？

运动 / 换鞋 / 够玩具 / 看病；融融在______。

❺ 玩具是谁的？

融融 / 壮壮 / 小美 / 大家；玩具是______的。

语言能力培养第二步：叙述事件

请用自己的话描述图片。

提示：图片里有两个人。他们是融融和壮壮。他们在壮壮家里。融融在玩壮壮的玩具。

社交能力培养第一个方面：察言观色和换位思考——理解表情、动作、感受、想法

提问句式：xx 的肢体语言是怎样的？ xx 的面部表情是怎样的？ xx 有怎样的感受？ xx 是怎样想的？

融融

肢体语言：伸手拿玩具 / 伸手指着玩具

情绪感受：好奇 / 害怕

内心想法：A. 我也想要这个玩具！　B. 这个玩具一点儿也不好玩！

C. 这个玩具现在是我的！　D. 这个玩具真好玩！

壮壮

肢体语言：伸手拉住融融 / 帮助融融拿玩具

面部表情：张嘴 / 闭嘴；眼睛睁大 / 紧闭；眉头舒展 / 皱起

情绪感受：惊讶 / 害怕；难过 / 生气

内心想法：A. 他这人好奇怪啊！

B. 哦，我都不知道我的玩具这么好玩！

C. 他喜欢我的玩具，太好啦！

D. 他怎么可以随便玩我的玩具，太没礼貌啦！

社交能力培养第二个方面：解决问题

图片呈现的主要问题是什么？

A. 融融玩壮壮的玩具　B. 壮壮太小气

C. 融融不经同意玩壮壮的玩具　D. 融融随便进别人的房间

融融想玩壮壮的玩具，他该怎么办？

A. 问壮壮他能不能玩　B. 直接冲过去拿来玩

C. 什么都不说，等壮壮请他玩　D. 看一眼，但是不玩

生活中你会经常遇到类似的事吗？可以举例吗？

提示：可以结合孩子的经历给予提示。

壮壮不同意融融玩他的玩具，融融该怎样做？

A. 不管他说什么，还是把玩具拿来玩　B. 尊重壮壮的决定，不玩玩具了

C. 告状　D. 打壮壮

壮壮同意融融玩他的玩具，融融应该怎样？

A. 说谢谢，然后小心地玩，不把玩具弄坏　B. 不说谢谢

C. 把玩具带回家　D. 随意乱扔乱砸

社交能力培养第三个方面：推测结果

融融壮壮房间里有好多好玩的玩具，不经同意就冲进去玩，结果怎样？

壮壮很生气，不喜欢融融了。/ 壮壮很高兴地让融融玩。

融融看到壮壮有很多好玩的玩具，就问他能不能玩一下，结果怎样？

壮壮说不行。/ 壮壮高兴地让融融玩。

社交能力培养第四个方面：使用适当的言辞（说什么）和语气（怎么说）

融融看到壮壮有好多好玩的玩具，他可以说什么？

A. “把你的玩具给我玩！”

B. “你的玩具好好玩，请问我可以玩一下吗？”

C. “我可以把你的玩具带回家吗？”

D. “你的玩具看上去好好玩。”

融融该用什么语气说话？

A. 责备　B. 询问　C. 命令　D. 诚恳

品格培养

❶ **尊重别人的物品。**尊重别人很重要的一点就是尊重别人的物品。我们不能随意使用别人的物品。如果想要玩别人的玩具，一定要有礼貌地征得对方同意。

❷ **克制冲动。**知道不该做的就不去做，克制自己的冲动非常重要。

壮壮
融融

壮壮
融融

故事 6 害怕冲马桶的声音

语言能力培养第一步：回答 WH 问题

❶ 图片里有几个人？

图片里有______个人。

❷ 他们是谁？

融融妈妈 / 融融 / 阿松妈妈 / 阿松；他们是______。

❸ 他们在哪里？

公园 / 餐馆 / 学校 / 阿松家；他们在______。

❹ 融融在做什么？

运动 / 上厕所 / 跑出厕所 / 大叫；融融在______。

❺ 融融为什么跑出厕所？

想快点去玩 / 害怕蟑螂 / 害怕冲马桶的声音 / 闹着玩；因为他______。

语言能力培养第二步：叙述事件

请用自己的话描述图片。

提示：图片里有两个人。他们是融融和阿松妈妈。他们在阿松家里。融融跑出了厕所，因为他害怕冲马桶的声音。

社交能力培养第一个方面：察言观色和换位思考——理解表情、动作、感受、想法

提问句式：xx 的肢体语言是怎样的？ xx 的面部表情是怎样的？ xx 有怎样的感受？ xx 是怎样想的？

融融

肢体语言：双手捂耳 / 双手自然地放在身体两侧；站在原地 / 往外跑

情绪感受：害怕 / 兴奋

内心想法：A. 蟑螂好可怕！　　B. 马桶冲水的声音太响了！

C. 我喜欢听马桶冲水的声音！　　D. 我想吓唬一下阿松的妈妈！

阿松妈妈

肢体语言：摊开手 / 用手拍融融的头

面部表情：嘴微张 / 闭；眼睛睁大 / 紧闭；眉毛挑起 / 眉头舒展

情绪感受：难过 / 奇怪；担心 / 生气

内心想法：A. 这孩子好奇怪啊！　　B. 天啊，出了什么事？

C. 厕所有蟑螂吗？　　D. 一定是马桶冲水的声音太响了！

社交能力培养第二个方面：解决问题

图片呈现的主要问题是什么？

A. 融融冲了马桶　　B. 融融怕蟑螂

C. 融融怕马桶冲水的声音　　D. 融融不知道怎么解释他怕冲水的声音

融融怕马桶冲水的声音，他该怎么办？

A. 冲完后马上不管不顾地跑出来　　B. 忍着害怕，慢慢走出来

C. 冲完后马上用手捂住耳朵　　D. 不冲马桶就出来

阿松妈妈问融融发生了什么事，融融该怎么办？

A. 不解释　　B. 告诉她冲水声音好可怕

C. 告诉她厕所有蟑螂　　D. 笑一笑

生活中你会经常遇到类似的事吗？可以举例吗？

提示：可以结合孩子的经历给予提示。

社交能力培养第三个方面：推测结果

融融从厕所跑出来，阿松妈妈问他出了什么事，融融不说话，结果怎样？

阿松妈妈担心厕所里有可怕的东西，很着急。/ 阿松妈妈夸奖融融。

融融从厕所跑出来，阿松妈妈问他出了什么事，融融解释他怕冲水的声音，结果怎样？

阿松妈妈担心厕所里有可怕的东西，很着急。/ 阿松妈妈知道了融融怕冲水的声音，安慰他。

社交能力培养第四个方面：使用适当言辞（说什么）和语气（怎么说）

融融从厕所跑出来，阿松妈妈问他出了什么事，他应该说什么？

A. “水好吵！”　　B. “不知道！”

C. “冲马桶的声音让我害怕。”　　D. 不说话

融融该用什么语气说话？

A. 责备　　B. 生气　　C. 害怕　　D. 平静

品格培养

主动，尽量沟通。有时候我们不知道怎么跟人解释自己的心情或者想法。因为把心情或者想法转化成语言很费力，而且可能越说越烦。但是我们要知道，用正面的话语、语气把想法、心情说出来对别人很重要，也能帮助我们自己解决问题，所以我们要主动地尽量把话说出来。不用担心说的话不完整，有时只要几个关键字，比如，“水”“吵”，别人就能明白了！

哗
啦
啦
融融
阿松妈妈

哗
啦
啦
融融
阿松妈妈

故事 7 打湿妹妹的画

语言能力培养第一步：回答 WH 问题

❶ 图片里有几个人？

图片里有______个人。

❷ 他们是谁？

融融 / 小美 / 老师 / 妹妹；他们是______。

❸ 他们在哪里？

餐馆 / 教室 / 家 / 公园；他们在______。

❹ 他们是什么关系？

师生 / 朋友 / 兄妹 / 不认识；他们是______。

❺ 妹妹在做什么？

画画 / 讲话 / 哭 / 打融融；妹妹在______。

❻ 发生了什么事？

融融打了妹妹 / 融融打翻了水杯，妹妹的画被水弄湿了 / 妹妹打翻了水杯 / 什么都没发生；因为______。

语言能力培养第二步：叙述事件

请用自己的话描述图片。

提示：图片里有两个人。他们是融融和妹妹。他们在家里。他们是兄妹。妹妹在哭，因为融融打翻了水杯，妹妹的画被水弄湿了。

社交能力培养第一个方面：察言观色和换位思考——理解表情、动作、感受、想法

提问句式：xx 的肢体语言是怎样的？xx 的面部表情是怎样的？xx 有怎样的感受？xx 是怎样想的？

融融

肢体语言：背对妹妹 / 朝向妹妹；画画 / 扶起水杯

面部表情：看着画 / 看妹妹

情绪感受：没反应 / 歉疚

内心想法：A. 啊，我把妹妹的画弄湿啦，真不好意思！

B. 妹妹好烦！动不动就哭！

C. 啊，我打翻了水，妹妹吓了一跳，所以哭了！

D. 我不是故意的呀！

妹妹

肢体语言：一只手擦眼泪，另一只手指向融融 / 安静地画画

面部表情：哭 / 笑

情绪感受：难过 / 高兴；生气 / 平静

内心想法：A. 哥哥坏！

B. 哥哥不是故意的！

C. 我好喜欢那张画！我花了很多时间画的！

D. 哥哥犯了错误，还不向我道歉！

社交能力培养第二个方面：解决问题

图片呈现的主要问题是什么？

A. 融融打翻了水杯　　B. 妹妹的画湿了

C. 融融没说对不起　　D. 妹妹太爱哭

融融弄湿了妹妹的画，他应该怎么办？

A. 不管她　　B. 说对不起

C. 问妹妹他可以做什么　　D. 告诉妈妈

生活中你会经常遇到类似的事吗？可以举例吗？

提示：可以结合孩子的经历给予提示。

社交能力培养第三个方面：推测结果

融融弄湿了妹妹的画，但他并没有说对不起，继续画自己的画，结果怎样？

妹妹很生气，哭了很久。/ 妹妹理解融融，说没关系。

融融弄湿了妹妹的画，他看着妹妹认真地说对不起，结果怎样？

妹妹很生气，哭了很久。/ 妹妹理解融融，说没关系。

社交能力培养第四个方面：使用适当的言辞（说什么）和语气（怎么说）

融融弄湿了妹妹的画，他该说什么？

A. “我不是故意的！”　　B. “对不起！”

C. “我能为你做什么？”　　D. “谁让你把画放在我的杯子边上的！”

融融该用什么语气说话？

A. 生气　　B. 委屈　　C. 诚恳　　D. 平静

品格培养

犯了错要道歉，道歉要诚恳。每个人都会犯错。犯了错要道歉、弥补和改正。道歉的时候要面向对方，最好看着他 / 她的眼睛，让对方清楚地听见你说对不起。

妹妹
融融

妹妹
对不起！
融融

故事 8 说话不算话

语言能力培养第一步：回答 WH 问题

❶ 图片里有几个人？

图片里有______个人。

❷ 他们是谁？

融融 / 壮壮 / 老师 / 阿松；他们是______。

❸ 他们在哪里？

家 / 教室 / 餐馆 / 公园；他们在______。

❹他们是什么关系？

师生 / 朋友 / 家人 / 不认识；他们是______关系。

❺ 壮壮手上是什么？

漫画书 / 纸牌 / 水彩笔 / 手机；壮壮手上是______。

❻ 壮壮想做什么？

看书 / 玩牌 / 画画 / 上网；壮壮想______。

语言能力培养第二步：叙述事件

请用自己的话描述图片。

提示：图片里有两个人。他们是融融和壮壮。他们在家里。他们是朋友。壮壮手上是纸牌。他想玩纸牌。

社交能力培养第一个方面：察言观色和换位思考——理解表情、动作、感受、想法

提问句式：xx 的肢体语言是怎样的？ xx 的面部表情是怎样的？ xx 有怎样的感受？ xx 是怎样想的？

融融

肢体语言：面对壮壮 / 背对壮壮

面部表情：看着壮壮 / 不看壮壮

情绪感受：没兴趣 / 感兴趣

内心想法：A. 五子棋更好玩，我们玩五子棋吧！

B. 纸牌不好玩，我不想玩。

C. 我刚才是骗你的。

D. 我哪有答应过玩了五子棋之后玩 UNO？

壮壮

肢体语言：一只手摸牌，另一只手放桌上 / 双手放身体两侧；面对融融 / 背对融融

面部表情：瞪眼 / 闭眼；眉头皱起 / 舒展

情绪感受：惊讶 / 害怕；生气 / 开心

内心想法：A. 融融怎么说话不算话！

B. 融融不喜欢玩牌就算了。

C. 融融不会玩牌，所以耍赖。

D. 我也觉得五子棋更好玩。

社交能力培养第二个方面：解决问题

图片呈现的主要问题是什么？

A. 融融答应了壮壮玩了五子棋之后玩牌，却不实现诺言

B. 融融不喜欢玩牌

C. 壮壮只想玩牌，不肯玩五子棋

D. 融融和壮壮太不一样了

融融玩了五子棋之后还是不想玩牌，他该怎么办？

A. 跟壮壮解释一下他不喜欢玩牌

B. 建议玩别的

C. 还是陪壮壮玩牌

D. 跟壮壮说好只玩一局

生活中你会经常遇到类似的事吗？可以举例吗？

提示：可以结合孩子的经历给予提示。

社交能力培养第三个方面：推测结果

融融答应了先玩五子棋，然后玩牌，可是玩了五子棋之后他又不肯玩牌了，结果怎样？

壮壮很生气，不和融融玩了。/ 壮壮觉得无所谓，答应和融融玩别的。

融融答应了先玩五子棋，然后玩牌，玩了五子棋之后融融说话算话，陪壮壮玩牌了，结果怎样？

壮壮很高兴，和融融玩了很久。/ 壮壮自己决定和融融玩别的。

社交能力培养第四个方面：使用适当的言辞（说什么）和语气（怎么说）

融融很不喜欢玩牌，可是他已经答应了要和壮壮玩的，融融该说什么？

A. “我不喜欢玩牌，你喜欢我就陪你玩。”

B. “对不起，我实在不喜欢玩牌！”

C. “我不喜欢玩牌，我们可以只玩一局，然后玩别的吗？”

D. “你喜欢我就喜欢！”

融融该用什么语气表达？

A. 生气　　B. 委屈

C. 诚恳　　D. 平静

品格培养

懂得双赢。和朋友相处，不能事事都按照我们自己的喜好。让朋友全都听我们的是不对的！我们要让朋友也玩得开心！

故事 9 被拒绝后放狠话

语言能力培养第一步：回答 WH 问题（见图 1）

❶ 图片里有几个人？

图片里有______个人。

❷ 他们是谁？

融融 / 浩子 / 老师 / 阿松；他们是______。

❸ 融融在哪里？

家 / 教室 / 操场 / 学校门口；融融在______。

❹ 他们是什么关系？

师生 / 朋友 / 家人 / 不认识；他们是______关系。

❺ 融融手里的是什么？

笔 / 手机 / 书 / 玩具；融融手里的是______。

❻ 融融想做什么？

问浩子作业是什么 / 请浩子来玩 / 去浩子家玩 / 和浩子一起出去玩；他想______。

❼ 浩子答应融融的要求了吗？

答应了 / 没有答应；浩子______。

❽ 浩子为什么不答应融融？

他不喜欢和融融玩 / 他妈妈要带他出去 / 他生病了 / 他要去和别人玩；因为______。

语言能力培养第二步：叙述事件

请用自己的话描述图片。

提示：图片里有两个人。他们是融融和他的朋友浩子。融融在家里，他拿着手机打电话。他想请浩子来家里玩。浩子没有答应。因为他妈妈要带他出去。

社交能力培养第一个方面：察言观色和换位思考——理解表情、动作、感受、想法（见图 2）

提问句式：xx 的肢体语言是怎样的？xx 的面部表情是怎样的？xx 有怎样的感受？xx 是怎样想的？

融融

肢体语言：手臂弯曲 / 双手自然垂在身体两侧；五指张开 / 握拳

面部表情：眉头舒展 / 皱起；闭眼 / 瞪眼

情绪感受：生气 / 开心；失望 / 平静

内心想法：A. 浩子真好！

B. 浩子不来玩，我太没意思了！

C. 我再也不理浩子了！

D. 我就是不高兴，不高兴，不高兴！

浩子

肢体语言：僵硬 / 放松

面部表情：眼睛瞪大 / 闭起；嘴微张 / 紧闭

情绪感受：惊讶 / 平静；尴尬 / 自豪；生气 / 开心

内心想法：A. 融融怎么这么不讲道理！

B. 融融怎么了？为什么反应这么大？

C. 是我不对，我跟妈妈商量一下还是去他家吧。

D. 你不让我去你家，我以后就再也不去了！

社交能力培养第二个方面：解决问题

图片呈现的主要问题是什么？

A. 融融想请浩子来家玩　　B. 融融被拒绝了之后说了不该说的话

C. 浩子不能来融融家玩　　D. 融融被拒绝了就生了很久的气

融融想请浩子去他家玩，被拒绝了，他该怎么办？

A. 大哭大闹　　B. 问浩子他什么时候能有空来自己家玩

C. 去找别人来玩　　D. 自己想别的事做

生活中你会经常遇到类似的事吗？可以举例吗？

提示：可以结合孩子的经历给予提示。

社交能力培养第三个方面：推测结果

融融想请浩子去他家玩，被拒绝了。融融对浩子说以后再也别来了。结果怎样？

浩子很生气，以后再也不和融融玩了。/ 浩子很后悔，决定不和妈妈出去，而是去融融家。

融融想请浩子去他家玩，被拒绝了。融融平静地接受了。结果怎样？

浩子很生气，以后再也不和融融玩了。/ 浩子和融融约了其他时间去融融家玩。

社交能力培养第四个方面：使用适当的言辞（说什么）和语气（怎么说）

融融想请浩子去他家玩，被拒绝了。融融该说什么？

A. “以后再也别来我家了！”　　B. “那你哪天有空来呢？”

C. “哦，没关系，下次吧。”　　D. “我可以和你一起去吗？”

融融该用什么语气说话?

A. 生气　　　　B. 委屈

C. 诚恳　　　　D. 平静

品格培养

❶ **理解别人。** 被人拒绝了，很容易让我们去往坏处想，比如，他 / 她不喜欢和我玩，我不够好、不够有趣，我对他来说不重要等。如果我们能从别人的角度去想问题，就会容易理解并体谅别人的选择。

❷ **成全别人。** 朋友有别的事情要做，我们应该想着要成全他 / 她，支持他 / 她去做他 / 她该做的事情，而不是叫别人做我想要他 / 她做的事。

故事 10 当面扔掉不喜欢的礼物

语言能力培养第一步：回答 WH 问题

❶ 图片里有几个人？

图片里有______个人。

❷ 他们是谁？

融融 / 妈妈 / 老师 / 姨妈；他们是______。

❸ 融融在哪里？

家 / 教室 / 操场 / 学校门口；融融在______。

❹ 他们是什么关系？

师生 / 朋友 / 家人 / 不认识；他们是______关系。

❺ 姨妈给了融融什么？

糖果 / 草莓蛋糕 / 巧克力蛋糕 / 玩具；姨妈给了融融______。

❻ 融融做了什么？

吃了蛋糕 / 扔了蛋糕 / 藏起了蛋糕 / 还给了姨妈；融融______。

语言能力培养第二步：叙述事件

请用自己的话描述图片。

提示：图片里有两个人。他们是融融和姨妈。融融在家里。他们是家人。姨妈给了融融巧克力蛋糕。融融扔了蛋糕。

社交能力培养第一个方面：察言观色和换位思考——理解表情、动作、感受、想法

提问句式：xx 的肢体语言是怎样的？ xx 的面部表情是怎样的？ xx 有怎样的感受？ xx 是怎样想的？

融融
- 肢体语言：扔掉蛋糕 / 捧着蛋糕；面对姨妈 / 转身背对姨妈
- 面部表情：看着姨妈 / 不看姨妈
- 情绪感受：生气 / 开心；失望 / 平静
- 内心想法：A. 我不喜欢巧克力味的，所以就应该扔掉。
  B. 姨妈居然不知道我讨厌巧克力味的！我要让她记住！
  C. 我最喜欢巧克力蛋糕了！
  D. 我想要草莓蛋糕！

姨妈
- 肢体语言：僵硬 / 放松
- 面部表情：眉头舒展 / 眉毛挑起；眼睛睁大 / 闭起；嘴巴张开 / 紧闭
- 情绪感受：生气 / 开心；吃惊 / 平静；尴尬 / 自豪
- 内心想法：A. 融融怎么把蛋糕扔了？ B. 融融太没礼貌了！
  C. 是我不对，下次一定带他喜欢的礼物！ D. 融融太让我伤心了！

社交能力培养第二个方面：解决问题

图片呈现的主要问题是什么？

A. 融融想吃草莓蛋糕 B. 融融不爱吃巧克力蛋糕

C. 融融把姨妈的礼物扔掉 D. 姨妈送的礼物融融不喜欢

姨妈送了融融他不喜欢的礼物，他该怎么办？

A. 谢谢姨妈并说明自己更喜欢草莓口味的 B. 谢谢姨妈，然后放一边

C. 当场扔掉 D. 高兴地吃掉

生活中你会经常遇到类似的事吗？可以举例吗？

提示：可以结合孩子的经历给予提示。

社交能力培养第三个方面：推测结果

姨妈送了融融他不爱吃的巧克力蛋糕，融融当场扔掉蛋糕，结果怎样？

姨妈觉得融融没礼貌，而且很尴尬。/ 姨妈很不好意思，赶紧去买别的礼物。

姨妈送了融融他不爱吃的巧克力蛋糕，融融谢了姨妈，然后放在一边，结果怎样？

姨妈觉得融融没礼貌，而且很尴尬。/ 姨妈觉得融融很有礼貌，很喜欢他。

社交能力培养第四个方面：使用适当的言辞（说什么）和语气（怎么说）

姨妈送了融融他不爱吃的巧克力蛋糕，融融该说什么？

A. “我不吃这个，我不喜欢巧克力味的。”

B. “谢谢姨妈，不过我更喜欢草莓口味的！”

C. “谢谢姨妈，我最喜欢巧克力口味的蛋糕了！”

D. “谢谢姨妈！”

融融该用什么语气说话？

A. 生气 B. 高兴 C. 诚恳 D. 平静

品格培养

尊重别人。尊重别人包括尊重别人的礼物。别人给的礼物要珍惜，即使不喜欢也不能扔掉。如果是很熟、很亲近的人，可以告诉他们下次送什么你会更喜欢。如果是不熟的人，要礼貌地收下礼物并表示感谢。

融融
融融姨妈

融融
融融姨妈

故事 11 同学不让抄作业

语言能力培养第一步：回答 WH 问题

❶ 图片里有几个人？

图片里有______个人。

❷ 他们是谁？

融融 / 妈妈 / 老师 / 元元；他们是______。

❸ 融融在哪里？

家 / 教室 / 操场 / 学校门口；融融在______。

❹ 他们是什么关系？

师生 / 朋友 / 家人 / 不认识；他们是______。

❺ 元元和融融在做什么？

吃糖果 / 做作业 / 看故事书 / 玩玩具；他们在______。

❻ 融融做了什么？

吃糖果 / 做作业 / 想要抄作业 / 和元元吵架；融融______。

❼ 元元做了什么？

吃糖果 / 让融融抄作业 / 护住作业不让抄 / 打融融 ；元元______。

语言能力培养第二步：叙述事件

请用自己的话描述图片。

提示：图片里有两个人。他们是融融和元元。他们是同学。他们在家里做作业。融融想抄元元的作业。元元护住作业不让抄。

社交能力培养第一个方面：察言观色和换位思考——理解表情、动作、感受、想法

提问句式：xx 的肢体语言是怎样的？ xx 的面部表情是怎样的？ xx 有怎样的感受？ xx 是怎样想的？

融融

肢体语言：身体前倾 / 后仰；手伸出 / 手放身旁

面部表情：微笑 / 哭泣

情绪感受：失望 / 盼望；无所谓 / 担心

内心想法：A. 我在家里抄作业没人会知道。

B. 元元最好了，她不会真的生气的。

C. 我就是要抄，因为我不会，没有别的办法！

D. 我的作业给你抄！

元元

肢体语言：身体前倾 / 后仰；手伸出 / 手缩回

面部表情：眉头舒展 / 皱起；嘴角向上 / 向下

情绪感受：不高兴 / 高兴

内心想法：A. 融融怎么这么不讲道理！

B. 融融抄作业是不对的！不能做不对的事！

C. 是我不对，我应该给他抄的！

D. 我好不容易做出来的！凭什么你什么努力都不做就可以完成作业！

社交能力培养第二个方面：解决问题

图片呈现的主要问题是什么？

A. 融融抄作业　　B. 元元不让融融抄作业

C. 元元不让抄作业，融融还是嬉皮笑脸地硬要抄　　D. 融融不会做那道题

元元不让融融抄作业，融融该怎么办？

A. 大哭大闹　　B. 嬉皮笑脸地继续要抄

C. 硬抢过来抄　　D. 请元元教他怎么做题

生活中你会经常遇到类似的事吗？可以举例吗？

提示：可以结合孩子的经历给予提示。

社交能力培养第三个方面：推测结果

元元不让融融抄作业，融融嬉皮笑脸地还要抄，结果怎样？

元元很不高兴，以后再也不和融融一起做作业了。/ 元元高兴地让融融抄了作业。

元元不让融融抄作业，融融向元元请教怎么做题，结果怎样？

元元不教融融，不高兴地离开。/ 元元教了融融怎么做题，两个人都很高兴。

社交能力培养第四个方面：使用适当的言辞（说什么）和语气（怎么说）

元元不让融融抄作业，融融该说什么？

A. “让我抄抄嘛！”　　B. “不让就不让，有什么了不起！”

C. “可是我不会做呀！”　　D. “对不起，你能教教我吗？”

融融该用什么语气说话？

A. 生气　　B. 高兴　　C. 诚恳　　D. 平静

品格培养

❶ **尊重别人的劳动成果。**尊重别人包括尊重别人的劳动。抄袭别人的作业是不对的。我们可以虚心地向他们请教该怎么做。

❷ **顾及别人的情绪。**元元已经很不高兴了，融融还继续做令她不高兴的事，这会让她更不高兴。看到元元不高兴，融融应该马上停止他的行为，并且说对不起。

❸ **不走捷径，从根本上解决问题。**融融不会做作业，抄答案不能从根本上解决问题。根本的办法是学会怎么做那道题。抄别人的作业看上去是捷径，但是如果自己不学会怎么解题，将来遇到同样的作业问题还是不会。

融融
元元

融融
元元

故事 12 没完没了地问问题

语言能力培养第一步：回答 WH 问题

❶ 图片里有几个人？

图片里有______个人。

❷ 他们是谁？

融融 / 阿松 / 阿松妈妈 / 融融妈妈；他们是______。

❸ 他们在哪里？

融融家的厨房 / 融融家的客厅 / 阿松家的厨房 / 阿松家的客厅；他们在______。

❹ 阿松妈妈在做什么？

做饭 / 做蛋糕 / 做冷饮 / 做果盘；阿松妈妈在______。

❺ 融融说了什么？

"阿姨，你这里面放了什么啊？" / "是给我吃的吗？" / "这个是奶油吗？" / "你要做什么蛋糕？" 融融说______。

❻ 阿松说了什么？

"你的问题怎么那么多？" / "请你别打扰我妈妈！" / "我来回答你吧！" / "你怎么这么烦？" 阿松说______。

语言能力培养第二步：叙述事件

请用自己的话描述图片。

提示：图片里有三个人。他们是融融、阿松和阿松妈妈。他们在阿松家的厨房里。阿松妈妈在做蛋糕。融融说："阿姨，你这里面放了什么啊？你要做什么蛋糕？这个是奶油吗？是给我吃的吗？" 阿松说："请你别打扰我妈妈！"

社交能力培养第一个方面：察言观色和换位思考——理解表情、动作、感受、想法

提问句式：xx 的肢体语言是怎样的？ xx 的面部表情是怎样的？ xx 有怎样的感受？ xx 是怎样想的？

融融

肢体语言：身体前倾 / 后仰

面部表情：眼睛睁大 / 紧闭

情绪感受：兴奋 / 失望；好奇 / 担心

内心想法：A. 奶油好好吃！

B. 阿姨真能干！

C. 我也想做蛋糕。

D. 这里面放了什么啊？这个是奶油吗？是给我吃的吗？阿姨要做什么蛋糕？

阿松

面部表情：眉头皱起 / 舒展；瞪眼 / 眯眼

情绪感受：厌烦 / 害怕；平静 / 生气

内心想法：A. 融融怎么到我家也不换鞋子！

B. 融融没礼貌，到我家随便乱跑！

C. 融融好烦，问问题问个没完！

D. 融融真是个有趣的客人。

社交能力培养第二个方面：解决问题

图片呈现的主要问题是什么？

A. 融融不换鞋就进屋　　B. 融融乱舔奶油

C. 融融问太多问题　　D. 融融不和阿松玩

融融跑到厨房，看见阿松妈妈在做蛋糕，他有很多问题，该怎么办？

A. 把想问的问题都问一遍

B. 忍住什么都不问

C. 先向阿松妈妈问好，然后问一个问题

D. 让阿松去问问题

生活中你会经常遇到类似的事吗？可以举例吗？

提示：可以结合孩子的经历给予提示。

社交能力培养第三个方面：推测结果

融融见阿松妈妈在做蛋糕，就连着问她很多问题，结果怎样？

阿松妈妈觉得他很没有礼貌。/ 阿松妈妈觉得他很有礼貌。

融融见阿松妈妈在做蛋糕，就向她打招呼，然后问了她一个问题，结果怎样？

阿松妈妈觉得他很没有礼貌。/ 阿松妈妈觉得他很有礼貌。

社交能力培养第四个方面：使用适当的言辞（说什么）和语气（怎么说）

融融见阿松妈妈在做蛋糕，融融该说什么？

A. "阿姨，您好！这个蛋糕看上去很好吃！"

B. "您是在做蛋糕吗？您是做给我吃的吗？您能教我做蛋糕吗？"

C. "阿姨，您能给我做饭吗？"

D. "阿姨，这个蛋糕是昨天剩下的吗？"

融融该用什么语气说话?

A. 好奇　　B. 生气

C. 诚恳　　D. 不耐烦

品格培养

理解别人的需求和想法。别人在做事情的时候可能不喜欢被打搅。如果别人不想和你聊天，你就不能不停地问他们问题。怎么知道别人是不是想和你聊天呢？如果别人回答你时用眼睛看着你，说得特别详细，就说明他们想和你聊天。如果别人和你说话的时候不看着你，只用几个字回答你的问题，说明他们很有可能不想和你说话。

故事 13 问不该问的问题

语言能力培养第一步：回答 WH 问题

1 图片里有几个人?

图片里有______个人。

2 他们是谁?

融融 / 奶奶 / 阿姨 / 爷爷；他们是______。

3 他们在哪里?

医院 / 家 / 旅馆 / 学校；他们在______。

4 奶奶怎么了?

想睡觉 / 想起床 / 生病了 / 想吃饭；奶奶______。

5 融融在说什么?

"您哪里不舒服？" / "需要开刀吗？" / "从哪里切开？" / "会不会很快死掉？"

融融说______。

语言能力培养第二步：叙述事件

请用自己的话描述图片。

提示：图片里有两个人。他们是融融和奶奶。他们在家里。奶奶生病了。融融说："您哪里不舒服？需要开刀吗？从哪里切开？会不会很快死掉？"

社交能力培养第一个方面：察言观色和换位思考——理解表情、动作、感受、想法

提问句式：xx 的肢体语言是怎样的？ xx 的面部表情是怎样的？ xx 有怎样的感受？ xx 是怎样想的？

融融

情绪感受：好奇 / 厌烦；开心 / 担心

内心想法：A. 奶奶会不会要死了？

B. 奶奶病了，她一定很难受！

C. 我该怎么安慰奶奶呢？

D. 我不喜欢奶奶生病。

奶奶

肢体语言：抬头 / 低头

面部表情：嘴巴张开 / 闭起；眼睛闭起 / 睁开；眉头舒展 / 皱起

情绪感受：难过 / 平静；不高兴 / 高兴

内心想法：A. 这孩子要我死吗！

B. 这孩子太可气了，我感觉病更重了！

C. 融融安慰我，我觉得好多了！

D. 这孩子烦死我了，怎么这么多问题呀！

社交能力培养第二个方面：解决问题

图片呈现的主要问题是什么？

A. 奶奶病了 B. 融融问太多问题

C. 融融问了不该问的问题 D. 奶奶不回答融融的问题

奶奶病了，融融应该怎么办?

A. 给奶奶递水 B. 问奶奶需要什么

C. 祝奶奶快好 D. 问奶奶很多问题表示关心

还有哪些办法可以安慰、帮助生病的人？可以举例吗?

提示：可以结合孩子的经历给予提示。

社交能力培养第三个方面：推测结果

融融见奶奶生病了就问这问那问个不停，结果怎样?

奶奶更不舒服了。/ 奶奶很高兴融融这么关心她。

融融见奶奶生病了就帮奶奶做事，使她舒服些，结果怎样?

奶奶更不舒服了。/ 奶奶很高兴融融这么关心她。

融融见奶奶生病了就祝奶奶早日康复，结果怎样?

奶奶更不舒服了。/ 奶奶很高兴地接受了融融的祝福。

社交能力培养第四个方面：使用适当的言辞（说什么）和语气（怎么说）

奶奶生病了，融融该说什么?

A. "您哪里不舒服？需要开刀吗？从哪里切开？会不会很快死掉？"

B. "我能帮您做什么？"

C. "祝您早日恢复健康。"

D. "您看上去好多了，您会好起来的。"

融融该用什么语气说话?

A. 抱歉 B. 生气 C. 诚恳 D. 平静

品格培养

不乱说话，管好嘴巴。想说什么就说什么往往会伤害别人的感情。任何时候，尤其是安慰人的时候，要说好的、正面的、积极的、鼓励的话。

奶奶
融融
您哪里不舒服？
需要开刀吗？
从哪里切开？
会不会很快死掉？

奶奶
融融

故事 14 说了不合适的实话

语言能力培养第一步：回答 WH 问题

1. 图片里有几个人？
图片里有______个人。
2. 他们是谁？
融融 / 陌生叔叔 / 陌生阿姨 / 妈妈；他们是______。
3. 他们在哪里？
学校走廊 / 家 / 商场电梯 / 公园广场；他们在______。
4. 融融说了什么？
“您的嘴太红了！” / “您的嘴太大了！” / “您的口红涂歪了！” / “您的嘴真好看！”
融融说______。
5. 叔叔们在做什么？
看融融 / 看阿姨 / 看门 / 看地板；叔叔们在______。

语言能力培养第二步：叙述事件

请用自己的话描述图片。

提示：图片里有五个人。他们是融融、妈妈和陌生的阿姨、叔叔。他们在电梯里。阿姨的口红涂歪了，融融说“您的口红涂歪了”。叔叔们都在看阿姨。

社交能力培养第一个方面：察言观色和换位思考——理解表情、动作、感受、想法

提问句式：xx 的肢体语言是怎样的？ xx 的面部表情是怎样的？ xx 有怎样的感受？ xx 是怎样想的？

融融

肢体语言：手指着阿姨 / 手捂着嘴
面部表情：看阿姨 / 不看阿姨
情绪感受：兴奋 / 关心
内心想法：A. 阿姨真好看！
B. 阿姨口红涂歪了，我要提醒她。
C. 阿姨的口红没涂好！真难看！
D. 哈哈，笑死我了。

阿姨

肢体语言：手捂着嘴 / 手放在身边
面部表情：看融融 / 看旁边；脸红 / 脸白
情绪感受：尴尬 / 自豪；生气 / 平静
内心想法：A. 我是不小心的呀！真不好意思！
B. 这个小孩怎么说得这么大声！
C. 大家都在看我，哎呀，我太出丑了！
D. 没有吧？我觉得挺好的！

社交能力培养第二个方面：解决问题

图片呈现的主要问题是什么？
A. 阿姨口红没涂好　　B. 融融大声说阿姨的外表有问题
C. 大家都在看阿姨　　D. 融融不提醒阿姨

融融在电梯里看到一个阿姨的口红涂歪了，融融应该怎么办？
A. 大声告诉她　　B. 悄悄告诉她
C. 什么都别说　　D. 用手势告诉她

生活中还有什么事不能当众大声说出来？可以举例吗？
提示：可以结合孩子的经历给予提示。

社交能力培养第三个方面：推测结果

融融在电梯里看到一个阿姨的口红涂歪了，就大声告诉她，结果怎样？
所有人都看着阿姨，阿姨很尴尬。/ 所有人都看着阿姨，阿姨很高兴。
融融在电梯里看到一个阿姨的口红涂歪了，就悄悄告诉她，结果怎样？
所有人都看着阿姨，阿姨很尴尬。/ 阿姨谢谢融融，然后赶快重涂了口红。

社交能力培养第四个方面：使用适当的言辞（说什么）和语气（怎么说）

融融在电梯里看到一个阿姨的口红涂歪了。融融该说什么？
A. 什么都不说，用手势告诉阿姨。
B. “阿姨，您的嘴歪了。”
C. 悄悄地说：“阿姨，您的口红没涂好。”
D. “阿姨，您很漂亮！”

融融该用什么语气说话？
A. 轻柔　　B. 生气　　C. 诚恳　　D. 平静

品格培养

不当众笑话或者提醒别人。当众笑话别人或者提醒别人会使别人很尴尬。所以我们提醒他们的时候不能让他人知道。什么事要悄悄提醒别人呢？类似“把口红涂歪了”这样会使人尴尬的事！

陌生叔叔
陌生阿姨
您的口红
涂歪了！
融融
妈妈
陌生
叔叔

陌生叔叔
陌生阿姨
融融
妈妈
陌生
叔叔

故事 15 不等别人回答，不停地发问

语言能力培养第一步：回答 WH 问题

1. 图片里有几个人？

图片里有______个人。

2. 他们是谁？

融融 / 壮壮 / 小美 / 阿松；他们是______。

3. 他们在哪里？

学校 / 家 / 公园 / 餐馆；他们在______。

4. 融融在做什么？

玩游戏 / 问很多问题 / 回答问题 / 吃东西 ；融融在______。

5. 融融等壮壮回答问题了吗？

有 / 没有；融融______。

语言能力培养第二步：叙述事件

请用自己的话描述图片。

提示：图片里有两个人。他们是融融和壮壮。他们在家里。融融问了壮壮很多问题。他没有等壮壮回答问题。

社交能力培养第一个方面：察言观色和换位思考——理解表情、动作、感受、想法

提问句式：xx 的肢体语言是怎样的？ xx 的面部表情是怎样的？ xx 有怎样的感受？ xx 是怎样想的？

融融

肢体语言：身体侧向壮壮 / 身体背对壮壮

面部表情：看壮壮 / 不看壮壮

情绪感受：难过 / 好奇

内心想法：A. 壮壮不说话，我得多问他一些问题，不然多尴尬。

B. 我太想知道壮壮会怎么回答这些问题了。

C. 我不知道说什么，所以就问问题吧。

D. 壮壮为什么不回答我的问题？

壮壮

肢体语言：身体前倾 / 后仰；手撑桌子 / 手放身侧

面部表情：眉头皱起 / 舒展

情绪感受：不知所措 / 害怕；厌烦 / 开心

内心想法：A. 融融怎么问了这么多问题，好烦！

B. 融融问了问题却不听我回答，不是真想知道我的答案！

C. 融融好好客呀！

D. 和融融说话真有意思！

社交能力培养第二个方面：解决问题

图片呈现的主要问题是什么？

A. 融融没给壮壮水喝

B. 融融问壮壮太多问题了

C. 融融不等壮壮回答他的问题

D. 壮壮不回答他的问题

融融见到壮壮很高兴，有很多问题想问他，融融应该怎么办？

A. 不停地问问题

B. 问一个问题，等壮壮回答，再问下一个

C. 听壮壮说话

D. 请壮壮吃东西

生活中还有什么时候我们需要等别人的回答？可以举例吗？

提示：可以结合孩子的经历给予提示。

社交能力培养第三个方面：推测结果

壮壮来融融家，融融不停地问壮壮问题，不等壮壮回答，结果怎样？

壮壮觉得融融很难沟通，不想和他说话。/ 壮壮觉得融融很有趣，很喜欢和他说话。

壮壮来融融家，融融不停地问壮壮问题，等壮壮一给出回答，马上问另一个不相关的问题，结果怎样？

壮壮觉得融融很难沟通，不想和他说话。/ 壮壮觉得融融很有趣，很喜欢和他说话。

壮壮来融融家，融融不停地问壮壮问题，等壮壮给出回答，他就接着壮壮的话问相关的问题，结果怎样？

壮壮觉得融融很难沟通，不想和他说话。/ 壮壮觉得融融很有趣，很喜欢和他说话。

社交能力培养第四个方面：使用适当的言辞（说什么）和语气（怎么说）

壮壮来融融家，融融该怎么和壮壮聊天？

A. 聊两个人共同感兴趣的话题

B. 不停找问题来问

C. 问壮壮一个问题，然后等他回答完了再问相关的问题

D. 不停地说自己的事

融融该用什么语气说话？

A. 不耐烦　　B. 抱歉

C. 诚恳　　D. 平静

品格培养

❶ **认真听别人说话。**认真听别人说话很重要，包括问别人问题之后等对方回答，并在其回答的基础上问相关的问题。

❷ **给家长的话：**要好好培养孩子与人交谈的技巧。孩子要学习哪些是适合聊天的话题，如何问问题，如何让别人愿意多说一些，自己该如何分享等，这些都是要教的内容。

故事 16 不说谢谢

语言能力培养第一步：回答 WH 问题

❶ 图片里有几个人？

图片里有______个人。

❷ 他们是谁？

融融 / 阿松 / 浩子 / 壮壮；他们是______。

❸ 他们在哪里？

融融家 / 教室 / 浩子家 / 餐馆；他们在______。

❹ 浩子做了什么？

和融融聊天 / 给融融吃零食 / 给融融做饭 / 给融融玩具；浩子______。

❺ 融融在做什么？

和浩子聊天 / 吃零食 / 看书 / 玩玩具 ；融融在______。

❻ 融融对浩子说了什么？

"谢谢！" / "再见！" / "你好！" / 什么也没说；融融说______。

语言能力培养第二步：叙述事件

请用自己的话描述图片。

提示：图片里有两个人。他们是融融和浩子。他们在浩子家里。浩子给融融吃零食，融融吃了零食，什么也没说。

社交能力培养第一个方面：察言观色和换位思考——理解表情、动作、感受、想法

提问句式：xx 的肢体语言是怎样的？ xx 的面部表情是怎样的？ xx 有怎样的感受？ xx 是怎样想的？

融融

肢体语言：挥手拒绝 / 把饼干往嘴里送

面部表情：不看浩子 / 看浩子

情绪感受：无所谓 / 开心

内心想法：A. 浩子太好了！　　B. 饼干真好吃！

C. 还有别的吃的吗？　　D. 我其实不想吃饼干的！

浩子

肢体语言：一只手摸头顶，另一只手抱着饼干罐 / 双手放身侧

面部表情：眉头舒展 / 皱起

情绪感受：难过 / 奇怪；不高兴 / 高兴

内心想法：A. 他怎么都不说谢谢？

B. 融融是不是不喜欢吃饼干？

C. 融融一定是在心里感谢我。

D. 融融真没礼貌！我再也不想给融融吃东西了。

社交能力培养第二个方面：解决问题

图片呈现的主要问题是什么？

A. 融融随便吃别人家的零食　　B. 融融向浩子要零食吃

C. 融融没有对浩子说谢谢　　D. 浩子太小心眼

浩子请融融吃零食，融融很喜欢，融融应该怎么办？

A. 什么也不说，吃很多　　B. 告诉浩子饼干好吃

C. 感谢浩子　　D. 向浩子再要一包

去别人家做客时在什么时候我们需要感谢别人？可以举例吗？

提示：可以结合孩子的经历给予提示。

社交能力培养第三个方面：推测结果

浩子请融融吃零食，融融吃了很多，却什么也不说，结果怎样？

浩子很高兴，下次继续请融融吃。/ 浩子觉得融融没礼貌，以后不理他了。

浩子请融融吃零食，融融对浩子表示感谢，结果怎样？

浩子很高兴，下次继续请融融吃。/ 浩子觉得融融没礼貌，以后不理他了。

社交能力培养第四个方面：使用适当的言辞（说什么）和语气（怎么说）

浩子请融融吃零食，融融该说什么？

A. "谢谢！"　　B. "谢谢，饼干很好吃！"

C. "对不起，我吃太多了。"　　D. "我最喜欢吃饼干了！"

融融该用什么语气说话？

A. 感谢　　B. 抱歉　　C. 诚恳　　D. 平静

品格培养

要有一颗感恩的心。别人帮你做再小的事情，即使是你最亲的人，你也不能理所当然地接受，而是要怀着感恩的心，对他们表示感谢！别人给我们东西吃，我们要谢谢他们，如果你喜欢吃，就加上一句"这个很好吃！"感谢的话不说出来，别人就不会知道哦。

融融怎么连个
“谢谢”都不说呢？
融融
浩子

融融
浩子

故事 17 打断大人说话

语言能力培养第一步：回答 WH 问题

❶ 图片里有几个人？
图片里有______个人。
❷ 他们是谁？
融融 / 妈妈 / 小美 / 阿姨；他们是______。
❸ 他们在哪里？
融融家 / 教室 / 浩子家 / 餐馆；他们在______。
❹ 妈妈和阿姨在做什么？
和融融聊天 / 谈话 / 给融融做饭 / 看电视；妈妈和阿姨在______。
❺ 融融做了什么？
大笑 / 大闹 / 哭着问问题 / 什么都没做；融融在______。

语言能力培养第二步：叙述事件

请用自己的话描述图片。
提示：图片里有三个人。他们是融融、妈妈和阿姨。他们在融融家里。妈妈和阿姨在谈话。融融打断她们，哭着问问题。

社交能力培养第一个方面：察言观色和换位思考——理解表情、动作、感受、想法

提问句式：xx 的肢体语言是怎样的？ xx 的面部表情是怎样的？ xx 有怎样的感受？ xx 是怎样想的？

融融
肢体语言：手拉妈妈 / 手放身侧
面部表情：哭 / 笑
情绪感受：无所谓 / 着急；受挫 / 兴奋
内心想法：A. 我不会做题，急死了！
B. 我不会做题，气死了！
C. 妈妈怎么和阿姨说个没完！
D. 我想和她们一起聊天。

妈妈
肢体语言：侧身转向融融 / 背对融融；抗拒 / 放松
面部表情：瞪眼 / 眯眼；眉头舒展 / 皱起
情绪感受：难过 / 生气
内心想法：A. 这孩子怎么哭着说话！
B. 我聊太久了。
C. 这孩子打断我们说话，太不懂事了！
D. 我应该能帮上忙的。

阿姨
肢体语言：身体前倾 / 后仰；一手伸出，另一手放膝盖上 / 双手放膝盖上
面部表情：看融融 / 看地面
情绪感受：难过 / 尴尬；无奈 / 高兴
内心想法：A. 这孩子怎么这么不懂事！
B. 不好意思，我聊太久了。
C. 这孩子好可爱啊！
D. 我打扰孩子学习了。

社交能力培养第二个方面：解决问题

图片呈现的主要问题是什么？
A. 融融不会做题
B. 融融打断妈妈和阿姨的谈话
C. 融融带哭腔说话
D. 阿姨聊太久
融融有道题不会做想问妈妈，但妈妈和阿姨一直聊天，融融应该怎么办？
A. 自己继续想办法解决问题，不去打搅她们
B. 礼貌地打断她们
C. 带着哭腔直接向妈妈抱怨不会做题
D. 请阿姨帮忙
在什么情况下可以打断爸爸妈妈和客人的谈话？可以举例吗？
提示：可以结合孩子的经历给予提示。

社交能力培养第三个方面：推测结果

融融有道题不会做想问妈妈，但妈妈和阿姨一直聊天，融融带着哭腔抱怨他不会做题，结果怎样？
阿姨和妈妈都很尴尬。/ 阿姨和妈妈表扬了融融。
融融有道题不会做想问妈妈，但妈妈和阿姨一直聊天，融融礼貌地打断她们请教做题方法，结果怎样？
阿姨和妈妈都很尴尬。/ 阿姨和妈妈一起帮融融解决了问题。
融融有道题不会做想问妈妈，但妈妈和阿姨一直聊天，融融不打断她们，自己解决了问题，结果怎样？
阿姨和妈妈都很尴尬。/ 阿姨和妈妈知道后都很高兴。

社交能力培养第四个方面：使用适当的言辞（说什么）和语气（怎么说）

融融有道题不会做想问妈妈，妈妈和阿姨一直聊天，融融该说什么？

A. “我有一道题不会做！”

B. “对不起，能打扰一分钟吗？”

C. “对不起，我很着急，有道题不会做。”

D. “我可以和你们一起聊天吗？”

融融该用什么语气说话？

A. 感谢　　B. 抱歉　　C. 诚恳　　D. 平静

品格培养

顾及他人的需要。有作业不会做，你一定很想要妈妈马上帮助你！如果你很不高兴地去打断妈妈和阿姨的谈话，阿姨和妈妈都会很尴尬。如果她们在谈很重要的事，你就更不好打搅她们了。这个时候我们最好自己想办法解决问题，或者做好记号，等妈妈有空了再问她。如果你实在很着急，可以礼貌地打断她们。带着哭腔讲话会让别人心里不舒服，所以要用平静的语气来说话。

故事 18 不经同意帮人忙

语言能力培养第一步：回答 WH 问题

1. 图片里有几个人？

图片里有______个人。

2. 他们是谁？

融融 / 妈妈 / 小美 / 妹妹；他们是______。

3. 他们在哪里？

自己家 / 教室 / 朋友家 / 餐馆；他们在______。

4. 妹妹在做什么？

玩娃娃 / 看书 / 玩拼图 / 看电视；妹妹在______。

5. 融融做了什么？

陪妹妹一起玩 / 不经同意帮妹妹完成拼图 / 弄乱拼图 / 什么都没做；融融______。

6. 妹妹怎么了？

不想玩了 / 不让融融帮忙 / 要融融帮她 / 走开了；她______。

语言能力培养第二步：叙述事件

请用自己的话描述图片。

提示：图片里有两个人。他们是融融和妹妹。他们在自己家里。妹妹在玩拼图。融融不经同意帮妹妹完成了拼图。妹妹不让融融帮忙。

社交能力培养第一个方面：察言观色和换位思考——理解表情、动作、感受、想法

提问句式：xx 的肢体语言是怎样的？ xx 的面部表情是怎样的？ xx 有怎样的感受？ xx 是怎样想的？

融融

肢体语言：伸手放拼图 / 手放身侧

面部表情：张嘴 / 闭嘴；嘴巴张开 / 闭起

情绪感受：难过 / 兴奋

内心想法：A. 你不会我会！我要让你看看我多棒！　B. 这么简单都不会！

C. 我来帮你！　D. 我想想该怎么拼。

妹妹

肢体语言：推融融 / 抓住融融的手

面部表情：眼睛看拼图 / 看融融；眉头舒展 / 皱起

情绪感受：生气 / 抱歉

内心想法：A. 谢谢融融。　B. 哥哥真棒！

C. 不要你帮！我要自己想！　D. 我真笨！

社交能力培养第二个方面：解决问题

图片呈现的主要问题是什么？

A. 融融不会拼图　B. 妹妹不会拼图

C. 融融不经同意拼拼图　D. 妹妹太容易生气

妹妹不会拼图，融融应该怎么办？

A. 什么都不做，让她自己想　B. 帮她拼

C. 鼓励她　D. 嘲笑她

在什么情况下不该帮助别人？可以举例吗？

提示：可以结合孩子的经历给予提示。

社交能力培养第三个方面：推测结果

妹妹不会拼图，融融不经同意帮她拼完，结果怎样？

妹妹很生气。/ 妹妹感谢他。

妹妹不会拼图，融融等她来要求帮助才帮她，结果怎样？

妹妹很生气。/ 妹妹感谢他。

妹妹不会拼图，融融给她一个提示，结果怎样？

妹妹很生气。/ 妹妹感谢他。

社交能力培养第四个方面：使用适当的言辞（说什么）和语气（怎么说）

妹妹不会拼图，融融该说什么？

A. “应该这样做！”　B. “棕色的还是红色的？”

C. “要帮忙吗？”　D. “你真笨！”

融融该用什么语气说话？

A. 责备　B. 询问　C. 诚恳　D. 平静

品格培养

尊重别人。当别人说“不”的时候，就不要去做。尽管你很想要帮忙，或者觉得这是一件好事，但是如果别人不喜欢，我们就不要去做。如果你觉得他们确实需要帮助，可以问他们一下。如果他们拒绝，就告诉他们你随时可以提供帮助，然后离开。

融融
妹妹

融融
妹妹

故事 19 没带钥匙怎么办

语言能力培养第一步：回答 WH 问题

❶ 图片里有几个人？

图片里有______个人。

❷ 他们是谁？

融融 / 阿松 / 邻居叔叔 / 小美；他们是______。

❸ 他们在哪里？

教室门口 / 家门口 / 客厅 / 餐馆门口；他们在______。

❹ 发生什么事了？

邻居不在家 / 融融忘带钥匙 / 家里来客人了 / 作业忘带了；______。

❺ 融融在干什么？

找邻居帮忙 / 打电话给妈妈 / 大哭 / 找小朋友玩；融融在______。

语言能力培养第二步：叙述事件

请用自己的话描述图片。

提示：图片里有两个人。他们是融融和邻居叔叔。他们在家门口。融融忘带钥匙了。他在大哭。

社交能力培养第一个方面：察言观色和换位思考——理解表情、动作、感受、想法

提问句式：xx 的肢体语言是怎样的？ xx 的面部表情是怎样的？ xx 有怎样的感受？ xx 是怎样想的？

融融

肢体语言：肩膀耷拉 / 挺胸抬头

面部表情：哭 / 笑

情绪感受：着急 / 开心；不知所措 / 自豪

内心想法：A. 没有钥匙我进不去！

B. 没法做作业，所有的计划都泡汤了！

C. 我向叔叔借电话给妈妈打电话吧！

D. 我干脆去壮壮家玩吧！

邻居叔叔

肢体语言：背对 / 面对融融；伸手 / 手放背后

面部表情：眼睛睁大 / 紧闭

情绪感受：担心 / 兴奋；好奇 / 生气

内心想法：A. 融融真可爱！ B. 融融干吗在家门口哭啊？

C. 这点小事不用哭吧！ D. 我来把门砸开。

社交能力培养第二个方面：解决问题

图片呈现的主要问题是什么？

A. 妈妈忘记了融融今天提前下课 B. 融融进不了家

C. 邻居不帮忙 D. 融融不去找人帮忙

融融放学回到家时发现忘带钥匙了，应该怎么办？

A. 大哭 B. 找邻居帮忙 C. 干等着 D. 去小朋友家玩

还有哪些情况我们需要找别人帮忙？可以举例吗？

提示：可以结合孩子的经历给予提示。

社交能力培养第三个方面：推测结果

融融放学回家发现没带钥匙，他一直哭到妈妈回家，结果怎样？

融融等了很久都不能进家门。/ 融融很快进了家门。

融融放学回家发现没带钥匙，他去找邻居帮忙，结果怎样？

邻居给融融妈妈打了电话。/ 邻居不理融融。

融融放学回家发现没带钥匙，他去壮壮家玩，结果怎样？

融融和壮壮一起做作业，然后一起玩得很开心。/ 壮壮不理融融。

社交能力培养第四个方面：使用适当的言辞（说什么）和语气（怎么说）

融融放学回家发现忘带钥匙，碰见了邻居叔叔，他该怎么说？

A. “叔叔，我家里没人。”

B. “叔叔，可以借您电话用一下吗？”

C. “叔叔，我可以借您的电话给妈妈打个电话吗？我忘带钥匙了，进不了家门。”

D. “我需要帮忙！”

融融该用什么语气说话？

A. 请求 B. 询问 C. 带着哭腔 D. 平静

品格培养

寻求帮助。不知道怎么解决问题的时候可以找别人帮忙。要主动寻求帮助。寻求帮助的时候要有礼貌，不能理所当然，要以请求的语气告诉别人你需要什么样的帮助，以及为什么需要帮助。

融融
邻居叔叔

融融
邻居叔叔

故事 20 烤箱坏了，就发脾气

语言能力培养第一步：回答 WH 问题

❶ 图片里有几个人?

图片里有______个人。

❷ 他们是谁?

融融 / 阿松 / 小美 / 浩子；他们是______。

❸ 他们在哪里?

卧室 / 厨房 / 客厅 / 楼道；他们在______。

❹ 他们在做什么?

玩桌游 / 玩电玩 / 聊天 / 做蛋糕；他们在______。

❺ 发生什么事了?

装蛋糕糊的盆打翻了 / 烤箱坏了 / 蛋糕烤焦了 / 什么都没发生；______。

❻ 融融在干什么?

打阿松 / 和阿松聊天 / 拍打烤箱 / 安静地修烤箱；融融在______。

语言能力培养第二步：叙述事件

请用自己的话描述图片。

提示：图片里有两个人。他们是融融和阿松。他们在厨房里做蛋糕。烤箱坏了，融融在拍打烤箱。

社交能力培养第一个方面：察言观色和换位思考——理解表情、动作、感受、想法

提问句式：xx 的肢体语言是怎样的？ xx 的面部表情是怎样的？ xx 有怎样的感受？ xx 是怎样想的？

融融

肢体语言：摸烤箱 / 拍烤箱

面部表情：瞪眼 / 眯眼

情绪感受：受挫 / 兴奋；着急 / 自豪

内心想法：A. 为什么坏了？

B. 没法做蛋糕了，所有的计划都泡汤了！

C. 要不我们去壮壮家烤吧！

D. 今天做不了了，我把蛋糕糊放冰箱保存吧！

阿松

肢体语言：伸手拦融融 / 双手放身侧

面部表情：张嘴 / 闭嘴；瞪眼 / 眯眼

情绪感受：惊讶 / 自豪；担心 / 开心

内心想法：A. 融融，你还是想想别的办法吧！

B. 融融为什么要发脾气呢？他好奇怪！

C. 烤不成蛋糕了，气死我了！

D. 融融，你别这样！会拍坏的！

社交能力培养第二个方面：解决问题

图片呈现的主要问题是什么？

A. 融融和壮壮不会做蛋糕　　B. 烤箱坏了

C. 烤箱坏了，融融大发脾气　　D. 融融不去找人来修烤箱

烤箱坏了，融融应该怎么办？

A. 大哭大闹　　B. 很快接受不能烤蛋糕的事实

C. 找人来修　　D. 蒸蛋糕

还有哪些情况我们需要面对现实？可以举例吗？

提示：可以结合孩子的经历给予提示。

社交能力培养第三个方面：推测结果

融融发现烤箱坏了，非常生气地拍打烤箱、踢烤箱，结果怎样？

阿松也很不高兴，什么都没做成，厨房乱成一团。/ 烤箱被踢好了。

融融发现烤箱坏了非常受挫，但是他很快接受了这个事实，和阿松讨论该怎么办，结果怎样？

阿松很不高兴，什么都没做成，厨房乱成一团。/ 他们决定把厨房收拾好然后玩点别的。

社交能力培养第四个方面：使用适当的言辞（说什么）和语气（怎么说）

融融发现烤箱坏了，他很生气，他该对阿松说什么？

A. “烤箱坏了！它怎么能这个时候坏呢！”　　B. “气死我了！”

C. “烤箱坏了，我们怎么办呢？”　　D. “我需要帮忙！”

融融该用什么语气说话？

A. 请求　　B. 询问　　C. 责备　　D. 平静

品格培养

有弹性。想做的事情因为种种原因做不成，我们会生气，也很沮丧。这个时候我们要有弹性，意思是我们要能接受事情未能按照我们所计划的进行这一事实，然后想一些其他的解决办法。

啪！
啪！
啪！
阿松
融融

阿松
融融

故事 21 把喜欢吃的都夹到碗里

语言能力培养第一步：回答 WH 问题

❶ 图片里有哪些人?

图片里有______。

❷ 他们在哪里?

餐厅 / 厨房 / 卧室 / 楼道；他们在______。

❸ 他们在做什么?

吃点心 / 吃晚饭 / 聊天 / 做蛋糕；他们在______。

❹ 融融把什么菜都夹到自己碗里了?

青菜 / 豆腐 / 牛肉 / 虾；他把______。

语言能力培养第二步：叙述事件

请用自己的话描述图片。

提示：图片里有融融、妹妹、爸爸和妈妈。他们在餐厅吃晚饭。融融把牛肉都夹到自己碗里了。

社交能力培养第一个方面：察言观色和换位思考——理解表情、动作、感受、想法

提问句式：xx 的肢体语言是怎样的？ xx 的面部表情是怎样的？ xx 有怎样的感受？ xx 是怎样想的？

融融

肢体语言：不停夹牛肉 / 吃完再夹

面部表情：只看菜 / 看爸爸

情绪感受：迫不及待 / 克制

内心想法：A. 牛肉真好吃！

B. 我要多吃点牛肉！

C. 我给妹妹和爸爸妈妈省点牛肉吃吧！

D. 青菜真难吃！

妹妹

肢体语言：伸手阻止融融 / 端碗吃饭

面部表情：张嘴 / 闭嘴；皱眉 / 眉头舒展；眯眼 / 瞪融融

情绪感受：生气 / 高兴

内心想法：A. 哥哥怎么把牛肉都吃了，我没有了！

B. 哥哥为什么只吃牛肉呢？他好奇怪！

C. 哥哥多吃点牛肉吧！

D. 爸爸妈妈怎么不管管哥哥！

社交能力培养第二个方面：解决问题

图片呈现的主要问题是什么?

A. 融融不喜欢吃牛肉　　B. 融融不爱吃青菜

C. 融融把所有的牛肉都夹到碗里　　D. 融融喜欢吃牛肉

融融爱吃牛肉，想把所有的牛肉都吃了，他应该怎么办?

A. 把牛肉全夹到自己碗里　　B. 夹几片牛肉，让别人也能吃到

C. 不吃，全省给别人　　D. 让家人先吃，自己吃剩下的

还有哪些情况我们需要照顾别人的需要？可以举例吗?

提示：可以结合孩子的经历给予提示。

社交能力培养第三个方面：推测结果

融融爱吃牛肉，把所有的牛肉都夹到自己碗里，结果怎样?

爸爸、妈妈和妹妹都没吃到牛肉，很不高兴。/ 爸爸、妈妈和妹妹也吃到了牛肉，大家都很高兴。

融融爱吃牛肉，但是他只吃了一些，让爸爸、妈妈和妹妹也能吃到，结果怎样?

爸爸、妈妈和妹妹都没吃到牛肉，很不高兴。/ 爸爸、妈妈和妹妹也吃到了牛肉，大家都很高兴。

社交能力培养第四个方面：使用适当的言辞（说什么）和语气（怎么说）

融融爱吃牛肉，他可以说什么?

A. “牛肉真好吃，我可以多吃一点吗？”

B. “牛肉真好吃，你们多吃一点！”

C. “牛肉真好吃，明天还能吃吗？”

D. “我只想吃牛肉，我能全都吃了吗？”

融融该用什么语气说话?

A. 命令　　B. 询问

C. 诚恳　　D. 平静

品格培养

顾念他人的需要。牛肉好吃，不能只顾自己吃，要让别人也能吃到哦！你喜欢的东西可能别人也会喜欢，你想要的别人很可能也想要，所以不能只顾自己的需要，不顾他人。大家一起分享才最开心哦！

妈妈
妹妹
爸爸
融融

妈妈
妹妹
爸爸
融融

故事 22 不停责怪爸爸

语言能力培养第一步：回答 WH 问题

❶ 图片里有几个人？

图片里有______个人。

❷ 他们是谁？

融融 / 爸爸 / 妈妈 / 妹妹；他们是______。

❸ 他们在哪里？

卧室 / 厨房 / 客厅 / 楼道；他们在______。

❹ 融融在找什么

书 / 笔 /iPad/ 电视机；融融在找______。

❺ 爸爸为什么会拿融融的 iPad？

不想让融融看 / 以为是他自己的 / 故意藏起来逗融融 / 想拿去给别人看；爸爸拿了 iPad 是因为______。

语言能力培养第二步：叙述事件

请用自己的话描述图片。

提示：图片里有三个人。他们是融融、爸爸和妈妈。他们在客厅里。融融在找他的 iPad。爸爸拿了融融的 iPad 是因为他以为 iPad 是他自己的。融融很生气，不停责怪爸爸。

社交能力培养第一个方面：察言观色和换位思考——理解表情、动作、感受、想法

提问句式：xx 的肢体语言是怎样的？ xx 的面部表情是怎样的？ xx 有怎样的感受？ xx 是怎样想的？

融融

肢体语言：身体前倾 / 后仰；双手握拳 / 张开；跺脚 / 走向爸爸

面部表情：张嘴 / 闭嘴；眉头舒展 / 皱起；闭眼 / 瞪眼

情绪感受：生气 / 高兴

内心想法：A. 爸爸错了，拿了我的 iPad，我很生气！
B. 我要不停地批评爸爸，让他记住教训！
C. 爸爸是无心的！我不应该怪他！
D. iPad 找到了！太好了！

爸爸

肢体语言：僵硬 / 放松

面部表情：眉头舒展 / 皱起；嘴巴微张 / 抿起

情绪感受：不悦 / 高兴；委屈 / 自豪

内心想法：A. iPad 是我拿的，我错了，融融批评得对！
B. 融融为什么说个没完？好烦啊！
C. 这么点小事干吗说那么久！
D. 我不是故意的啊！

社交能力培养第二个方面：解决问题

图片呈现的主要问题是什么？

A. 融融找不到 iPad　B. 爸爸拿了融融的 iPad
C. 融融不停地责怪爸爸　D. 爸爸不承认错误

爸爸发现自己不小心拿了融融的 iPad，融融应该怎么办？

A. 不停地说“爸爸拿了我的 iPad”，责怪爸爸　B. 很高兴地去看 iPad
C. 原谅爸爸，然后去看 iPad　D. 批评爸爸一次，然后去看 iPad

你也有过别人对你无心犯错的经历吗？可以举例吗？

提示：可以结合孩子的经历给予提示。

社交能力培养第三个方面：推测结果

爸爸发现自己不小心拿了融融的 iPad，融融不停地说“爸爸拿了我的 iPad”，责怪爸爸，结果怎样？

爸爸、妈妈都觉得融融小题大做，很烦。/ 全家都很平静。

爸爸发现自己不小心拿了融融的 iPad，融融很高兴 iPad 找到了，结果怎样？

爸爸、妈妈都觉得融融小题大做，很烦。/ 全家都很平静。

社交能力培养第四个方面：使用适当的言辞（说什么）和语气（怎么说）

爸爸发现自己不小心拿了融融的 iPad，融融可以说什么？

A. 不停地说“爸爸拿了我的 iPad”　B. “谢谢爸爸帮我找到了 iPad。”
C. “下次要注意哦！”　D. “太好了！找到啦！”

融融该用什么语气说话？

A. 命令　B. 询问　C. 诚恳　D. 平静

品格培养

❶ **理解他人。**每个人都会无心犯错。知道别人不是故意的就很快原谅对方，是理解他人的表现。

❷ **不小题大做。**找不到 iPad 的确会让人烦恼，但是这毕竟是一件小事，如果为了一件小事不高兴很久，或反应过于强烈，那就是小题大做。我们不要小题大做。要尽量让自己和家人都开开心心的。

妈妈
爸爸
融融
爸爸偷我
的 iPad！
爸爸讨厌！
爸爸随便用
我的东西！
妈妈应该批
评爸爸！
啊！这个不是我
的 iPad 啊?!

妈妈
爸爸
融融

故事 23　只聊自己喜欢的话题

语言能力培养第一步：回答 WH 问题

1 图片里有几个人?

图片里有______个人。

2 他们是谁?

融融 / 元元 / 壮壮 / 妹妹；他们是______。

3 他们在哪里?

公园 / 教室 / 家 / 餐馆；他们在______。

4 融融在做什么?

和元元一起玩乐高 / 给元元乐高 / 向元元介绍乐高 / 不让元元玩乐高；他在______。

5 元元说了什么?

“我不喜欢乐高！” / “没有其他好玩的了吗？” / “被你说的我也喜欢乐高了！” / “乐高是什么？” 她说______。

语言能力培养第二步：叙述事件

请用自己的话描述图片。

提示：图片里有两个人。他们是融融和元元。他们在家里。融融在向元元介绍乐高。元元说：“没有其他好玩的了吗？”

社交能力培养第一个方面：察言观色和换位思考——理解表情、动作、感受、想法

提问句式：xx 的肢体语言是怎样的？ xx 的面部表情是怎样的？ xx 有怎样的感受？ xx 是怎样想的？

融融

肢体语言：一手拿乐高玩具车，另一手指向乐高玩具车 / 手放身前

面部表情：看元元 / 不看元元

情绪感受：好奇 / 兴奋

内心想法：A. 我最喜欢乐高，我要与元元分享我的感受！

B. 元元一定也特别感兴趣。

C. 元元不懂，我来教她。

D. 元元怎么会不喜欢乐高呢！真没意思。

元元

肢体语言：手托腮 / 挥手；坐着不动 / 转身朝向融融

面部表情：皱眉 / 眉头舒展；不看融融 / 看着融融

情绪感受：不感兴趣 / 兴奋

内心想法：A. 融融说了什么，我都没听懂！

B. 融融为什么说个没完？好烦啊！

C. 我不想再听了，我对乐高没兴趣！

D. 原来乐高这么好玩！

社交能力培养第二个方面：解决问题

图片呈现的主要问题是什么?

A. 融融不停地讲他自己喜欢的东西　　B. 元元不喜欢乐高

C. 融融不讲元元喜欢的东西　　D. 元元不愿意学新的东西

融融不停地讲他喜欢的乐高，元元说她想玩别的，融融应该怎么办?

A. 继续不停地解释为什么乐高有意思

B. 问元元她喜欢什么

C. 拿出别的自己喜欢的玩具给元元

D. 和元元聊她喜欢的芭比娃娃

你的朋友们都喜欢什么？不喜欢什么?

提示：可以结合孩子的经历给予提示。

社交能力培养第三个方面：推测结果

元元说她不喜欢乐高，融融还是继续说，结果怎样?

元元很无聊，很快告辞。/ 元元越听越感兴趣了。

元元说她不喜欢乐高，融融问元元她喜欢什么，结果怎样?

元元很无聊，很快告辞。/ 元元和融融找到了共同感兴趣的话题，聊了很久。

社交能力培养第四个方面：使用适当的言辞（说什么）和语气（怎么说）

元元说她不喜欢乐高，融融可以说什么?

A. “你再听我多说一会儿就喜欢了。”　　B. “怎么会呢！所有的人都喜欢乐高！”

C. “那你喜欢什么？”　　D. “那你喜欢乐高玩具娃娃吗？”

融融该用什么语气说话?

A. 命令　　B. 询问　　C. 诚恳　　D. 平静

品格培养

聊天中的交流。聊天的时候不能只是某一个人不停地说自己喜欢的事情。大家要寻找共同喜欢的话题来聊，就会很开心。

元元，看！
这个是乐高农场
的滑翔机。
融融，没有其他
好玩的了吗？
融融
元元

融融
元元

故事 24 自顾自地发呆聊天

语言能力培养第一步：回答 WH 问题（见图 1）

❶ 图片里有几个人？

图片里有______个人。

❷ 他们是谁？

融融 / 妈妈 / 壮壮 / 阿姨；他们是______。

❸ 他们在哪里？

卧室 / 厨房 / 客厅 / 楼道；他们在______。

❹ 妈妈和阿姨在做什么？

做饭 / 做手工 / 陪小朋友们玩 / 聊天；她们在______。

❺ 融融在做什么？

聊天 / 发呆和大笑 / 看书 / 自己玩游戏；他在______。

语言能力培养第二步：叙述事件

请用自己的话描述图片。

提示：图片里有三个人。他们是融融、妈妈和阿姨。他们在客厅里。妈妈和阿姨在聊天。融融在发呆和大笑。

社交能力培养第一个方面：察言观色和换位思考——理解表情、动作、感受、想法（见图 2）

提问句式：xx 的肢体语言是怎样的？ xx 的面部表情是怎样的？ xx 有怎样的感受？ xx 是怎样想的？

融融

肢体语言：手放书上 / 一只手张开，另一只手放在沙发上；仰头 / 低头

面部表情：张嘴 / 闭嘴；眼睛看天花板 / 看书；大笑 / 不作声

情绪感受：无聊 / 得意

内心想法：A. 我好无聊啊！

B. 浩子那天在操场摔倒，四脚朝天的情形好好笑！

C. 我自己看书。

D. 我喜欢听妈妈和阿姨聊天。

妈妈

肢体语言：僵硬 / 放松

面部表情：眉头舒展 / 皱起；看融融 / 看阿姨

情绪感受：生气 / 高兴；奇怪 / 平静

内心想法：A. 融融为什么要笑？

B. 融融真好玩！

C. 这孩子，没看见我们正说着话吗？

D. 融融这样没原因地大笑，别人会觉得他很奇怪！

社交能力培养第二个方面：解决问题

图片呈现的主要问题是什么？

A. 融融觉得无聊，在客人面前发呆，大笑　B. 妈妈和阿姨聊太久了

C. 融融忽然大笑　D. 妈妈没给融融准备玩具

妈妈和阿姨聊天聊很久，融融觉得无聊，他应该怎么办？

A. 发呆、大笑　B. 读书

C. 安静地玩玩具　D. 告诉妈妈他无聊

你在等妈妈的时候还能做什么？

提示：可以结合孩子的经历给予提示。

社交能力培养第三个方面：推测结果

妈妈和阿姨聊天聊很久，融融无聊，就发呆、大笑，结果怎样？

妈妈很尴尬，阿姨觉得融融很奇怪。/ 阿姨和妈妈都觉得融融很有耐心，很可爱。

妈妈和阿姨聊天聊很久，融融无聊，他自己去找喜欢的事做，结果怎样？

妈妈很尴尬，阿姨觉得融融很奇怪。/ 阿姨和妈妈都觉得融融很懂事，很可爱。

社交能力培养第四个方面：使用适当的言辞（说什么）和语气（怎么说）

融融听妈妈和阿姨聊天觉得无聊，融融可以说什么？

A. “妈妈，我可以看书吗？”　B. “妈妈，我可以做什么？”

C. “妈妈，我好无聊啊！”　D. “妈妈，你们还要聊多久？”

融融该用什么语气说话？

A. 生气　B. 询问　C. 诚恳　D. 平静

品格培养

❶ **自己找喜欢的事做。**在家无聊的时候，我们不要等别人来安排我们要做的事，可以自己去找些喜欢的事来做，如画画、看书。

❷ **给父母的话：**当孩子在家无聊的时候，我们要培养孩子学会自己找喜欢的事做。我们可以先给他们准备一些可以自己玩的玩具或游戏，然后我们要让他们知道他们有哪些选择，让他们自己选要做什么，直到他们会自己找事情来做。

融融
妈妈
阿姨

融融
妈妈
阿姨

融融
妈妈
阿姨

故事 25 受骗上当

语言能力培养第一步：回答 WH 问题

1 图片里有几个人？

图片里有______个人。

2 他们是谁？

融融 / 阿姨 / 阿松 / 浩子；他们是______。

3 他们在哪里？

卧室 / 厨房 / 楼道 / 客厅；他们在______。

4 阿松说了什么？

"这只狗会咬人！" / "这只狗不会咬人，不信你去拉它尾巴！" / "你不要去拉它尾巴！" / 什么都没说；阿松说______。

5 融融在做什么？

摸狗狗 / 拉狗狗尾巴 / 追阿松 / 和狗狗玩游戏；融融在______。

语言能力培养第二步：叙述事件

请用自己的话描述图片。

提示：图片里有两个人。他们是融融和阿松。他们在楼道里。阿松说："这只狗不会咬人，不信你去拉它尾巴！"融融拉了狗狗尾巴。

社交能力培养第一个方面：察言观色和换位思考——理解表情、动作、感受、想法

提问句式：xx 的肢体语言是怎样的？ xx 的面部表情是怎样的？ xx 有怎样的感受？ xx 是怎样想的？

融融

肢体语言：手拉狗尾巴 / 手放口袋里

面部表情：闭眼 / 睁大眼

情绪感受：好奇 / 难过

内心想法：A. 阿松叫我做什么，我就做什么。

B. 阿松不会骗我的。

C. 让我试试我就试试吧。

D. 在这件事上我可不能听阿松的。

阿松

肢体语言：指着融融 / 指着狗狗；手放嘴边 / 捂着肚子

面部表情：嘴角向上 / 向下；眉毛挑起 / 眉头皱起；闭眼 / 睁大眼

情绪感受：好笑 / 沮丧

内心想法：A. 融融真傻，让他做什么就做什么！

B. 融融真好玩！

C. 融融的胆子比我大。

D. 融融害死我了！

社交能力培养第二个方面：解决问题

图片呈现的主要问题是什么？

A. 融融拉狗狗尾巴　　B. 阿松说什么融融就做什么

C. 阿松骗人　　D. 狗狗太凶

阿松让融融拉狗狗尾巴，融融应该怎么办？

A. 去拉狗狗尾巴　　B. 让阿松自己去拉

C. 告诉阿松谁都不要拉狗狗尾巴　　D. 给狗狗吃东西

别人说什么样的话你不能照做？

提示：可以结合孩子的经历给予提示。

社交能力培养第三个方面：推测结果

阿松让融融拉狗狗尾巴，融融照做了，结果怎样？

狗狗大叫着追融融。/ 狗狗什么反应也没有。

阿松让融融拉狗狗尾巴，融融没有照做，小心地绕过狗狗，结果怎样？

狗狗大叫着追融融。/ 狗狗什么反应也没有。

社交能力培养第四个方面：使用适当的言辞（说什么）和语气（怎么说）

阿松让融融拉狗狗尾巴，融融可以说什么？

A. "好呀！"　　B. "真的假的？"

C. "我才不信呢。"　　D. "那你自己去试试。"

融融该用什么语气说话？

A. 不相信　　B. 询问　　C. 诚恳　　D. 开玩笑

品格培养

做出自己的判断。别人说的话我们不能全部相信。如果他们要我们做的事情有可能不安全，我们就不能做。

阿松
融融，这只狗不会
咬人，不信你去拉
它尾巴！
融融
汪！

阿松
融融

故事 26 贬损别人

语言能力培养第一步：回答 WH 问题

❶ 图片里有几个人？

图片里有______个人。

❷ 他们是谁？

融融 / 壮壮 / 妈妈 / 浩子；他们是______。

❸ 他们在哪里？

家 / 学校 / 公园 / 餐馆；他们在______。

❹ 他们在做什么？

做游戏 / 做手工 / 做作业 / 做饼干；他们在______。

❺ 融融在说什么？

“你需要帮忙吗？” / “我已经做完了！” / “笨蛋！写快点！” / “作业好难啊！”

融融说______。

语言能力培养第二步：叙述事件

请用自己的话描述图片。

提示：图片里有两个人。他们是融融和壮壮。他们在家里做作业。融融忽然大声在壮壮背后说：“笨蛋！写快点！”

社交能力培养第一个方面：察言观色和换位思考——理解表情、动作、感受、想法

提问句式：xx 的肢体语言是怎样的？ xx 的面部表情是怎样的？ xx 有怎样的感受？ xx 是怎样想的？

融融

肢体语言：手放嘴边 / 手放背后

面部表情：张嘴 / 闭嘴；睁大眼 / 眯着眼

情绪感受：抱歉 / 得意；着急 / 沮丧

内心想法：A. 壮壮做得真慢！

B. 我已经做完了，好高兴！要玩一下。

C. 我来吓唬他一下。

D. 我来帮帮壮壮吧。

壮壮

肢体语言：僵硬 / 放松

面部表情：张嘴 / 闭嘴；嘴角向上 / 向下；眯着眼 / 睁大眼

情绪感受：开心 / 生气；羞愧 / 自豪；惊讶 / 平静

内心想法：A. 唉，我做得太慢了！

B. 融融真好玩！

C. 融融好可恶，吓死我了！

D. 你才是笨蛋！

社交能力培养第二个方面：解决问题

图片呈现的主要问题是什么？

A. 融融吓唬壮壮　　B. 壮壮做作业太慢

C. 融融说话太大声　　D. 融融贬损别人

融融先做完了作业，他应该怎么办？

A. 找壮壮玩　　B. 让壮壮做快点

C. 安静地做别的事情　　D. 帮壮壮做

还有什么场合不能大声说话？

提示：可以结合孩子的经历给予提示。

社交能力培养第三个方面：推测结果

融融先做完了作业，他忽然大声地在壮壮背后说：“笨蛋！写快点！”结果怎样？

壮壮很快做完了作业。/ 壮壮吓了一跳，并且很生气。

融融先做完作业了，他耐心地等着壮壮，结果怎样？

壮壮很快做完了作业。/ 壮壮吓了一跳，并且很生气。

社交能力培养第四个方面：使用适当言辞（说什么）和语气（怎么说）

融融先做完了作业，他可以说什么？

A. “笨蛋！写快点！”　　B. “哈哈，我已经做完了！”

C. “我做完了，你有要帮忙的吗？”　　D. “我做完了，先看会儿书。”

融融该用什么语气说话？

A. 抱怨　　B. 询问　　C. 诚恳　　D. 平静

品格培养

❶ **尊重别人，不说贬损别人的话。**笨蛋、傻瓜这样的用词有时候用于表达对对方的亲密之情，但更多时候带有贬损意味，因此，我们应根据双方的熟识程度及使用场合慎重使用。

❷ **尊重别人，控制说话音量。**在安静的环境里，尤其是在别人需要集中注意力思考、交谈时，我们不能大声说话，惊扰别人，我们要考虑别人的需要。

融融
笨蛋！
写快点！
壮壮

融融
壮壮

学校

故事 27 在教室里大叫

语言能力培养第一步：回答 WH 问题

❶ 图片里有几个学生？

图片里有______个学生。

❷ 他们在哪里？

家 / 教室 / 医院 / 餐馆；他们在______。

❸ 他们穿着什么样的衣服？

休闲服 / 校服 / 工作服 / 睡衣；他们穿着______。

❹ 他们是什么关系？

师生 / 不认识 / 家人 / 同学；他们是______关系。

❺ 现在是什么时间？

课间休息 / 上课时间 / 放学时间 / 午饭时间；现在是______。

❻ 他们在做什么？

聚会 / 课间休息 / 排队 / 上课；他们在______。

❼ 融融的桌子上少了什么？

书 / 橡皮擦 / 笔 / 笔盒；融融的桌子上少了______。

❽ 融融在做什么？

学习 / 发言 / 大叫 / 大笑；融融在______。

❾ 壮壮在做什么？

大叫 / 发言 / 学习 / 看着融融；壮壮在______。

❿ 老师在做什么？

讲课 / 看着融融 / 大叫 / 改作业；老师在______。

语言能力培养第二步：叙述事件

请用自己的话描述图片。

提示：图片里有六个学生，他们在教室里。他们穿着校服。他们是同学。现在是上课时间。他们在上课。融融没有笔，他站起来大叫。壮壮看着他，老师也看着融融。

社交能力培养第一个方面：察言观色和换位思考——理解表情、动作、感受、想法

提问句式：xx 的肢体语言是怎样的？ xx 的面部表情是怎样的？ xx 有怎样的感受？ xx 是怎样想的？

融融

肢体语言：站着 / 坐着；双手握拳 / 张开；肩膀耸起 / 肩膀放松

面部表情：张嘴 / 闭嘴；眉头舒展 / 皱起；睁眼 / 闭眼；大笑 / 大叫

情绪感受：生气 / 开心；着急 / 平静

内心想法：A. 我忘了带笔，这下我什么都做不成了。

B. 没关系，我可以向浩子借支笔。

C. 妈妈会生气的。

D. 我怎么会忘了呢？

壮壮

肢体语言：转身看向融融 / 背对融融

面部表情：嘴角向上 / 向下；眼睛斜着看融融 / 看老师；眉毛挑起 / 眉头舒展

情绪感受：害怕 / 好笑

内心想法：A. 他为什么要这样？ B. 他好傻，好好笑啊！

C. 我好想帮他啊！ D. 他好可怕啊！

老师

肢体语言：转身看向融融 / 看阿松；僵硬 / 放松

面部表情：嘴张开 / 紧闭；睁大眼 / 眯着眼

情绪感受：生气 / 好笑；吃惊 / 平静

内心想法：A. 他怎么又这样！

B. 他好好笑啊！

C. 他好奇怪啊！

D. 我该怎样才能让他安静呢？他这样会影响别的同学的！

社交能力培养第二个方面：解决问题

图片呈现的主要问题是什么？

A. 融融没带笔 B. 融融大叫，扰乱了课堂秩序

C. 老师不知道怎么办 D. 同学们不理解融融

如果你在课堂上忽然发现没带学习用品，该怎么办？

A. 大叫，发脾气

B. 大笑，甩手，发出各种声音让自己感觉好一点

C. 举手告诉老师

D. 向其他同学借

没带笔这类事情有多严重？

A. 根本不是事 B. 是件小事

C. 是件比较大的事 D. 是件很大的事

生活中你会经常遇到类似的事吗？可以举例吗？

提示：可以结合孩子的经历给予提示。

如果你感觉紧张、生气、害怕或担心时，该怎么办？

A. 大叫，发脾气

B. 大笑，甩手，发出各种声音让自己感觉好一点

C. 举手告诉老师，要求出去走走或坐到安静的角落

D. 深呼吸，告诉自己放松，评估问题的严重程度并找出解决问题的办法

社交能力培养第三个方面：推测结果

融融没带笔，在教室里大叫，结果怎样？

同学和老师都会受到影响，他们会很不高兴。/ 同学和老师知道后，认为融融是一个遵守课堂秩序的学生，很喜欢他。

融融非常平静地向同学借笔，结果怎样？

同学和老师都会受到影响，他们会很不高兴。/ 同学和老师知道后，认为融融是一个遵守课堂秩序的学生，很喜欢他。

社交能力培养第四个方面：使用适当的言辞（说什么）和语气（怎么说）

融融发现自己没带笔，应该说什么？

A. “啊！啊！啊！”

B. “报告老师，我没带笔！”

C. “壮壮，可以借我支笔吗？”

D. 什么都不说，抢同学的笔

融融应该用什么语气说话？

A. 命令　　B. 询问　　C. 诚恳　　D. 生气

品格培养

及时调整情绪，保持内心平静。我们不要向别人发泄自己的紧张、害怕、沮丧、烦躁等负面情绪，因为这样也会让别人感到烦躁、害怕、沮丧、担心等。我们要记得及时调整情绪，平和的心态能帮助我们更好地思考，找到解决问题的办法。

故事 28 想加入游戏就推人

语言能力培养第一步：回答 WH 问题

❶ 图片里有几个人？

图片里有______个人。

❷ 他们在哪里？

走廊 / 教室 / 操场 / 食堂；他们在______。

❸ 现在是什么时间？

课间休息 / 上课时间 / 放学时间 / 午饭时间；现在是______。

❹ 他们在做什么？

玩追人游戏 / 玩木头人游戏 / 玩丢手帕游戏 / 坐着聊天；他们在______。

❺ 融融做了什么？

推人 / 抱人 / 打人 / 什么都没做；融融在______。

语言能力培养第二步：叙述事件

请用自己的话描述图片。

提示：图片里有六个人。他们在操场上。现在是课间休息时间。他们在一起玩木头人游戏。融融推了人。

社交能力培养第一个方面：察言观色和换位思考——理解表情、动作、感受、想法

提问句式：xx 的肢体语言是怎样的？ xx 的面部表情是怎样的？ xx 有怎样的感受？ xx 是怎样想的？

融融

肢体语言：推人 / 抱人

面部表情：眉头舒展 / 皱起；闭眼 / 睁大眼

情绪感受：生气 / 开心；理所当然 / 担心

内心想法：A. 推开他我就可以有地方坐了。

B. 嘻嘻，我要是推他一下他还能不动吗？

C. 把他推倒他就输了，不能玩了，我就可以加入了。

D. 他讨厌，不主动邀请我参加！

壮壮

肢体语言：摔倒在地 / 站着

面部表情：张嘴 / 闭嘴；眼睛睁大 / 闭着；眉毛挑起 / 眉头舒展

情绪感受：吃惊 / 平静；疼痛 / 舒服；害怕 / 好笑

内心想法：A. 他为什么要这样？

B. 啊，吓了我一跳！

C. 啊，好痛！ 他好可怕啊！

D. 他好有趣啊！

社交能力培养第二个方面：解决问题

图片呈现的主要问题是什么？

A. 融融想和同学们一起玩

B. 同学们不主动邀请融融

C. 融融想加入游戏就推人

D. 融融不知道怎么玩木头人游戏

如果你想加入一群同学，应该怎么办？

A. 不说话，直接加入

B. 推开其中一个，自己补上

C. 问他们可不可以加入

D. 站在旁边看，微笑，给予正面评论（如“哇，你们能坚持那么长时间啊！”然后等他们邀请）

生活中你会经常遇到类似的事吗？可以举例吗？

提示：可以结合孩子的经历给予提示。

社交能力培养第三个方面：推测结果

融融想和同学们一起玩，他冲上去推倒其中一个同学，结果怎样？

同学们都很生气，不和他玩。/ 同学们和他一起玩。

他叫其中特别熟的同学的名字，说：“壮壮，我可以和你们一起玩吗？”结果会怎样？

同学们邀请他一起玩。/ 同学们拒绝他，说：“不行！”

他站在边上看，给予正面评论，如“真好玩啊！”结果会怎样？

同学们邀请他一起玩。/ 同学们很生气，让他走开。

同学们不邀请或拒绝融融，融融很生气，开始发脾气、打人、大哭，结果会怎样？

同学们向他道歉，和他玩。/ 同学们很生气，不和他玩。

社交能力培养第四个方面：使用适当的言辞（说什么）和语气（怎么说）

融融想加入同学们的游戏，他可以说什么？

A. “你们不带我玩，我也不让你们玩。”

B. 不说话，直接加入

C. “我可以加入你们吗？”

D. “哇，你们能坚持那么长时间啊！”（等待他们的邀请）

融融应该用什么语气说话？

A. 命令　　B. 询问　　C. 诚恳　　D. 生气

品格培养

1. **有需要的时候要用语言表达，不要动手。**因为动手容易伤到自己和别人，我们要关爱自己，也要关爱别人。
2. **自我鼓励，接受被拒绝。**承认自己哪里不够好，然后鼓励自己要有勇气，走出自己的舒适区；反省一下自己哪里没做好，思考下次如何改进，鼓励自己继续尝试。

故事 29 聊天时自己不停说

语言能力培养第一步：回答 WH 问题

1. 图片里有几个人？
图片里有______个人。
2. 他们在哪里？
走廊 / 教室 / 操场 / 食堂；他们在______。
3. 现在是什么时间？
课间休息 / 上课时间 / 放学时间 / 午饭时间；现在是______。
4. 他们在做什么？
聊天 / 一起玩 / 排队 / 上课；他们在______。
5. 融融在做什么？
听浩子说话 / 讲话 / 打人 / 讲笑话；融融在______。
6. 浩子在做什么？
听融融说话 / 讲话 / 打人 / 讲笑话；浩子在______。

语言能力培养第二步：叙述事件

请用自己的话描述图片。

提示：图片里有两个人。他们在教室里。现在是课间休息时间。他们在聊天。融融在说话，浩子在听。

社交能力培养第一个方面：察言观色和换位思考——理解表情、动作、感受、想法

提问句式：xx 的肢体语言是怎样的？ xx 的面部表情是怎样的？ xx 有怎样的感受？ xx 是怎样想的？

融融

肢体语言：双手握拳 / 一只手张开，另一只手放桌上；面对浩子 / 背对浩子

面部表情：张嘴 / 闭嘴；眉毛挑起 / 眉头皱起；闭眼 / 睁大眼

情绪感受：平静 / 兴奋

内心想法：A. 浩子看上去很喜欢我说的事。
B. 我有好多好玩的事要告诉浩子。
C. 浩子看上去对我说的东西不感兴趣。
D. 浩子为什么不说话？

浩子

肢体语言：手托腮 / 手摊开；坐着不动 / 转身朝向融融

面部表情：不看融融 / 看融融；眼皮耷拉 / 睁大眼睛

情绪感受：无聊 / 兴奋；厌烦 / 盼望

内心想法：A. 他这人好奇怪啊！
B. 他总是说个没完！
C. 他说的事情好有趣啊！
D. 他说的东西好无聊啊！

社交能力培养第二个方面：解决问题

图片呈现的主要问题是什么？

A. 融融想和浩子聊天　　B. 浩子不喜欢融融
C. 融融总是重复他的话　　D. 融融总在说浩子不感兴趣的东西

你不停地说话，别人不答话，并且看上去不感兴趣，感到厌烦，你该怎么办？

A. 继续说下去　　B. 赶紧停下，让别人说
C. 问对方怎么想　　D. 转变话题

生活中你会经常遇到类似的事吗？可以举例吗？

提示：可以结合孩子的经历给予提示。

你不知道除了刚才说的事情，还有别的什么可说的，该怎么办？

A. 重复刚才自己说的事　　B. 问对方他对那件事的想法
C. 让对方说他喜欢的事　　D. 跟对方说下次再聊

和同学在一起可以聊些什么话题？

A. 学校任务，如考试、作业
B. 课外活动，如共同喜欢的体育活动、电影、歌曲
C. 共同喜欢的游戏，如电玩、桌游
D. 大家看过的书或吃过的东西

社交能力培养第三个方面：推测结果

融融想和浩子聊天，他一直讲自己喜欢的话题，结果会怎样？

浩子觉得无聊，不和他讲话。/ 浩子喜欢和他讲话。

融融想和同学聊天，他看出浩子对他讲的事情没兴趣，他问浩子的想法，让浩子有机会讲话，结果会怎样？

浩子觉得无聊，不和他讲话。/ 浩子喜欢和他讲话。

融融想和同学聊天，他看出浩子对他讲的事情没兴趣，他让浩子讲他喜欢的话题，结果会怎样？

浩子觉得无聊，不和他讲话。/ 浩子喜欢和他讲话。

社交能力培养第四个方面：使用适当的言辞（说什么）和语气（怎么说）

融融看见浩子不说话，而且看上去没有兴趣听他说话，他应该说什么？

A. “对不起，浩子，我说得太多了，你来说说吧！”

B. “浩子，你在听我说吗？”

C. “浩子，你想说点啥？”

D. “浩子，你觉得呢？”

融融该用什么语气说话？

A. 责备　　B. 诚恳　　C. 询问　　D. 命令

品格培养

付出，关心他人。我们不要只想着自己的事情、自己的喜好，满足自己的需要。我们要学会关爱我们的朋友，也就是要多关心他人，了解他喜欢什么，不喜欢什么，有什么需要。当我们想要更多地了解别人时，我们可以问别人问题，寻找双方都喜欢的话题。

故事 30 批评同学

语言能力培养第一步：回答 WH 问题

1 图片里有几个人？
图片里有______个人。
2 他们在哪里？
走廊 / 教室 / 操场 / 食堂；他们在______。
3 现在是什么时间？
课间休息 / 上课时间 / 放学时间 / 午饭时间；现在是______。
4 融融在做什么？
听阿松说话 / 批评阿松 / 打人 / 讲笑话；融融在______。
5 阿松在做什么？
听融融说话 / 讲话 / 打人 / 讲笑话；阿松在______。

语言能力培养第二步：叙述事件

请用自己的话描述图片。
提示：图片里有两个人。他们在教室里。现在是课间休息时间。融融在批评阿松，阿松在听。

社交能力培养第一个方面：察言观色和换位思考——理解表情、动作、感受、想法

提问句式：xx 的肢体语言是怎样的？ xx 的面部表情是怎样的？ xx 有怎样的感受？ xx 是怎样想的？

融融
肢体语言：一手指着阿松，另一手摊开 / 双手放身侧；面对阿松 / 背对阿松
面部表情：张嘴 / 闭嘴；眉头皱起 / 舒展；闭眼 / 睁大眼
情绪感受：理直气壮 / 平静；得意 / 难过
内心想法：A. 阿松考得不好，我要教育他。
B. 老师都是这样说的，所以我也要这样说。
C. 阿松已经很难过了，我应该安慰他。
D. 我这是在帮助阿松！

阿松
肢体语言：一手托腮，另一手放桌上 / 双手放桌上；坐着不动 / 转身朝向融融
面部表情：嘴角向上 / 下；脸红 / 脸白；眉头舒展 / 皱起
情绪感受：沮丧 / 平静；不高兴 / 兴奋
内心想法：A. 他这人好奇怪啊！
B. 他只是我的同学，凭什么像老师一样教训我！
C. 他说得很有道理啊！
D. 他好烦！我已经很难过了！

社交能力培养第二个方面：解决问题

图片呈现的主要问题是什么？
A. 融融想和阿松聊天　B. 阿松不虚心
C. 融融像老师一样批评阿松　D. 阿松考试没考好
你的朋友考试没考好，你应该怎么做？
A. 鼓励他　B. 批评他　C. 同情他　D. 嘲笑他
生活中你会经常遇到类似的事吗？可以举例吗？
提示：可以结合孩子的经历给予提示。

社交能力培养第三个方面：推测结果

融融看到阿松没考好，就学老师的样子批评他，结果怎样？
阿松更加沮丧，而且不喜欢融融。/ 阿松感激融融。
融融看到阿松没考好，就对他表示同情并鼓励他，结果怎样？
阿松更加沮丧，而且不喜欢融融。/ 阿松感激融融，决定更加努力地学习。

社交能力培养第四个方面：使用适当的言辞（说什么）和语气（怎么说）

融融看到阿松没考好，他可以说什么？
A. “你这次才考 70 分，要努力才行，不然下次你父母会被叫来学校见老师！”
B. “我也比你好不了多少！”
C. “我们下次一起更加努力，一定能考得更好！”
D. “70 分已经很好了。”
融融该用什么语气说话？
A. 责备　B. 同情　C. 鼓励　D. 诚恳

品格培养

经常鼓励别人。你难过的时候会希望别人来安慰、鼓励、同情你，所以当你的朋友难过时，你要去安慰、鼓励他，对他表示同情，这就是待人如己。不要在这个时候表现优越感或者教育、批评别人哦！那是老师和家长的事！

融融
阿松

融融
阿松

故事 31 随便拿别人的东西

语言能力培养第一步：回答 WH 问题

❶ 图片里有几个人？

图片里有______个人。

❷ 他们在哪里？

走廊 / 教室 / 操场 / 食堂；他们在______。

❸ 现在是什么时间？

课间休息 / 上课时间 / 放学时间 / 午饭时间；现在是______。

❹ 融融在做什么？

抢笔盒 / 讲话 / 打人 / 讲笑话；融融在______。

❺ 笔盒是谁的？

融融 / 小美 / 大家 / 元元；笔盒是______。

语言能力培养第二步：叙述事件

请用自己的话描述图片。

提示：图片里有两个人。他们在教室里。现在是课间休息时间。融融在抢小美的笔盒。

社交能力培养第一个方面：察言观色和换位思考——理解表情、动作、感受、想法

提问句式：xx 的肢体语言是怎样的？ xx 的面部表情是怎样的？ xx 有怎样的感受？ xx 是怎样想的？

融融

肢体语言：一手拿笔盒，另一手推开小美 / 双手放身侧；身体后仰 / 前倾

面部表情：张嘴 / 闭嘴；眉毛挑起 / 眉头皱起；闭眼 / 睁大眼

情绪感受：好奇 / 平静；生气 / 开心

内心想法：A. 我也想要这个笔盒。　B. 我就玩一小会儿。

C. 这个笔盒是我的！　D. 这个笔盒真好玩！

小美

肢体语言：伸手拿回笔盒 / 双手放桌上

面部表情：张嘴 / 闭嘴；闭眼 / 睁大眼

情绪感受：生气 / 高兴；惊讶 / 自豪

内心想法：A. 他这人好奇怪啊！

B. 哦，我都不知道我的笔盒有这种功能！

C. 他喜欢我的笔盒，太好啦！

D. 他怎么可以拿我的东西，太没礼貌啦！

社交能力培养第二个方面：解决问题

图片呈现的主要问题是什么？

A. 融融玩小美的笔盒　B. 小美不让融融玩她的手机

C. 融融不经同意玩小美的笔盒　D. 笔盒坏了

融融喜欢小美的笔盒，他应该怎么办？

A. 问小美他能不能玩　B. 直接冲过去拿来玩

C. 让妈妈也去买一个　D. 看一眼，但是不玩

生活中你会经常遇到类似的事吗？可以举例吗？

提示：可以结合孩子的经历给予提示。

社交能力培养第三个方面：推测结果

融融看到小美有一个好玩的笔盒，不经同意就抢过来玩，结果怎样？

小美很生气，不喜欢融融。/ 小美很高兴地让融融玩。

融融看到小美有一个好玩的笔盒，就问她能不能玩一下，结果怎样？

小美说不行。/ 小美高兴地让融融玩。

小美不同意融融玩她的笔盒，融融该怎样做？

不管小美说什么，还是把笔盒拿来玩。/ 尊重小美的决定，不玩笔盒。

小美同意融融玩她的笔盒，融融应该怎样？

说谢谢，然后小心地玩，不把笔盒弄坏。/ 不说谢谢，直接动手去玩，乱扔乱砸。

社交能力培养第四个方面：使用适当的言辞（说什么）和语气（怎么说）

融融看到小美有一个好玩的笔盒，他可以说什么？

A. “把你的笔盒给我玩一下！”　B. “你的笔盒好好玩，请问我可以玩一下吗？”

C. “我可以玩一下你的笔盒吗？”　D. 什么都不说，直接拿过来玩

融融该用什么语气说话？

A. 责备　B. 询问　C. 命令　D. 诚恳

品格培养

❶ **尊重别人的物品。**我们要理解物品归属的概念，别人的物品属于别人，因此我们不能随便拿别人的东西。如果想要借别人的东西来用或者玩，一定要有礼貌地问别人可不可以。

❷ **克制。**看到好玩的东西就想马上拿过来看看，如果这个东西不是自己的，我们必须得到别人的许可。我们要克制自己，告诉自己：“要先得到别人的同意，别人不同意我就不能拿。”

青春祖国
未来有我
Future is Ours in the Young Country
小美
融融

青春祖国
未来有我
Future is Ours in the Young Country
小美
融融

故事 32 被误会时不知道怎么解释

语言能力培养第一步：回答 WH 问题

❶ 图片里有哪些人？

图片里有______。

❷ 他们在哪里？

走廊 / 教室 / 操场 / 食堂；他们在______。

❸ 现在是什么时间？

课间休息时间 / 放学时间 / 早操时间 / 午饭时间；现在是______。

❹ 融融在做什么？

被推出队伍 / 讲话 / 打人 / 讲笑话；融融在______。

❺ 老师在做什么？

表扬融融 / 批评壮壮 / 批评融融 / 表扬壮壮；老师在______。

语言能力培养第二步：叙述事件

请用自己的话描述图片。

提示：图片里有融融、老师和同学们。他们在操场上。现在是早操时间。融融和同学们一起排队，融融被推出队伍，老师批评了融融。

社交能力培养第一个方面：察言观色和换位思考——理解表情、动作、感受、想法

提问句式：xx 的肢体语言是怎样的？ xx 的面部表情是怎样的？ xx 有怎样的感受？ xx 是怎样想的？

融融

肢体语言：低头 / 抬头；双手放身侧 / 一只手指着同学，另一只手放身侧

面部表情：看地面 / 看同学

情绪感受：委屈 / 开心；不知所措 / 得意；紧张 / 平静

内心想法：A. 我不是故意跑到队伍外边来的！

B. 是别人推我的！

C. 我偏要到队伍外面来！

D. 我也不知道怎么回事！

老师

肢体语言：一手指融融，另一手放身侧 / 双手叉腰上

面部表情：张嘴 / 闭嘴；眼睛睁大 / 闭起；眉头皱起 / 舒展

情绪感受：生气 / 开心

内心想法：A. 这个学生真听话！

B. 这个学生真不听话，老是捣乱！

C. 我看见融融是被推出来的！

D. 融融是自己出来的还是被人推出来的？

社交能力培养第二个方面：解决问题

图片呈现的主要问题是什么？

A. 融融排队的时候跑出队伍　　B. 融融被人推出了队伍

C. 融融被误会了，他不知道怎么解释　　D. 老师不知道情况乱批评

融融被冤枉了，他应该怎么办？

A. 马上乖乖回到队伍中，什么都不说　　B. 生气地回到队伍中

C. 向老师慢慢地仔细地解释前因后果　　D. 用很短的话解释一下

生活中你会经常遇到类似的事吗？可以举例吗？

提示：可以结合孩子的经历给予提示。

社交能力培养第三个方面：推测结果

融融被同学推出队伍，老师批评他，他什么也不说，回到队伍里，结果怎样？

老师认为融融不听话，很生气。/ 老师明白融融不是故意的，原谅了他。

融融被同学推出队伍，老师批评他，他简单解释后，回到队伍里，结果怎样？

老师认为融融不听话，很生气。/ 老师明白融融不是故意的，原谅了他。

融融被同学推出队伍，老师批评他，他仔细地向老师解释前因后果，结果怎样？

老师没时间听他解释，让他不要再讲了。/ 老师认真听完他的解释，然后向他道歉。

社交能力培养第四个方面：使用适当的言辞（说什么）和语气（怎么说）

融融被同学推出队伍，老师批评他，他可以说什么？

A. “我不是故意的！”

B. “我是被推出来的！”

C. “是壮壮、阿松在打闹，他们互相推来推去，我离他们很近，他们就把我推出来了！”

D. “是他们！”

融融该用什么语气说话？

A. 生气　　B. 委屈

C. 命令　　D. 平静

品格培养

❶ **勇敢表达。**遇到这样的情况，最好的办法是勇敢地把事实表达出来。也许你无法用语言解释清楚，但是你可以用动作或者简单的词语来试着和老师沟通。

❷ **被冤枉时怎么办？告诉自己，日久见人心。**每个人都有可能被人误会，被人冤枉。如果能解释清楚，那是最好，如果不能，并且被冤枉的事不是涉及道德品质或者犯罪之类的大事，也不用太担心，日久见人心。如果你一直是一个遵守秩序的学生，老师自然会知道你不是故意捣乱的。

❸ **原谅别人无心的错误。**不要对老师或者使你被冤枉的同学心怀不满，他们不是故意的，原谅他们，你自己和他们都会很高兴的。

故事 33 撞了同学不道歉

语言能力培养第一步：回答 WH 问题

1. 图片里有几个人？

图片里有______个人。

2. 他们在哪里？

走廊 / 教室 / 操场 / 学校门口；他们在______。

3. 现在是什么时间？

上课前 / 上课时间 / 早操时间 / 午饭时间；现在是______。

4. 融融在做什么？

奔跑 / 讲话 / 走路 / 跳；融融在______。

5. 融融为什么跑？

他喜欢跑 / 他要迟到了 / 他想和阿松打招呼 / 他看到了老师；因为他______。

6. 发生了什么事？

融融打了阿松 / 融融和阿松打了招呼 / 融融撞倒了阿松 / 融融没看到阿松；融融______。

语言能力培养第二步：叙述事件

请用自己的话描述图片。

提示：图片里有两个人。他们在学校门口。现在是上课前。融融在奔跑，因为他快要迟到了。他撞倒了阿松。

社交能力培养第一个方面：察言观色和换位思考——理解表情、动作、感受、想法

提问句式：xx 的肢体语言是怎样的？ xx 的面部表情是怎样的？ xx 有怎样的感受？ xx 是怎样想的？

融融

肢体语言：奔跑 / 慢慢走；面对阿松 / 背对阿松

情绪感受：满不在乎 / 关心；着急 / 平静

内心想法：A. 啊，我要迟到啦！

B. 阿松挡我的路，我要把他撞开！

C. 我要去跟阿松说早上好！

D. 要是迟到了，又要挨老师批评了！

阿松

肢体语言：双手撑地 / 双手放身侧；扭头看向融融 / 低头看地面

面部表情：张嘴 / 闭嘴；瞪着融融 / 不看融融；眉头皱起 / 舒展

情绪感受：疼痛 / 舒服；生气 / 平静

内心想法：A. 哎哟！好疼啊！

B. 融融要迟到了，他很着急，撞了我是无心的。

C. 融融生我的气了吗？

D. 融融太没礼貌了！

社交能力培养第二个方面：解决问题

图片呈现的主要问题是什么？

A. 融融打人　　B. 融融撞人

C. 融融撞了人没说对不起　　D. 阿松太娇气

融融撞倒了阿松，他应该怎么办？

A. 不管他，继续跑　　B. 说对不起

C. 问阿松有没有受伤　　D. 告诉老师

生活中你会经常遇到类似的事吗？可以举例吗？

提示：可以结合孩子的经历给予提示。

社交能力培养第三个方面：推测结果

融融撞了阿松，他什么也没说，继续跑，结果怎样？

阿松很生气 / 阿松理解融融，说没关系。

融融撞了阿松，他马上停下来说对不起，结果怎样？

阿松很生气 / 阿松理解融融，说没关系。

社交能力培养第四个方面：使用适当的言辞（说什么）和语气（怎么说）

融融撞了阿松，他可以说什么？

A. “我不是故意的！” B. “对不起！” C. “你没事吧！” D. “你干吗挡我！”

融融该用什么语气说话？

A. 生气　　B. 平静　　C. 诚恳　　D. 命令

品格培养

1. **尊重别人的身体。**尊重别人包括尊重别人的身体。任何时候不小心碰到别人都要说对不起。
2. **向别人道歉。**很多人不喜欢承认错误，不喜欢跟别人说“对不起，我错了”，因为他们觉得自己不是故意的，是不小心的，自己没有错，道歉不重要，或者认为道歉会很没面子。这个时候我们要记得，不管是不是无心的错误，都需要道歉。道歉是很重要的，我们要放下面子去道歉。只有尊重别人自己才能得到尊重，放下面子才能得到面子。

高田小学
融融
阿松

高田小学
融融
阿松

故事 34 抢回自己的笔

语言能力培养第一步：回答 WH 问题

❶ 图片里有几个人？

图片里有______个人。

❷ 他们在哪里？

走廊 / 教室 / 操场 / 学校门口；他们在______。

❸ 现在是什么时间？

课间休息 / 上课时间 / 早操时间 / 午饭时间；现在是______。

❹ 融融手上是什么？

阿松的水彩笔 / 他自己的水彩笔 / 小美的水彩笔 / 老师的水彩笔；融融手上是______。

❺ 阿松在说什么？

“谢谢你！”/“哎，我还没画完呢！别那么小气啊！”/“对不起，我该早点还给你的！”/“你干吗抢我的笔！”阿松在说______。

❻ 融融为什么抢笔？

他怕阿松不还给他 / 他想看看小美的笔 / 他想让阿松陪他玩 / 他喜欢阿松的笔；因为他______。

语言能力培养第二步：叙述事件

请用自己的话描述图片。

提示：图片里有两个人。他们在教室里。现在是课间休息时间。融融手上是他自己的水彩笔，阿松在说：“哎，我还没画完呢！别那么小气啊！”融融抢笔是因为他怕阿松不还给他。

社交能力培养第一个方面：察言观色和换位思考——理解表情、动作、感受、想法

提问句式：XX 的肢体语言是怎样的？XX 的面部表情是怎样的？XX 有怎样的感受？XX 是怎样想的？

融融

肢体语言：一手抱笔盒，另一手举着笔 / 双手放在桌面上；背对阿松 / 面对阿松

面部表情：嘴角向下 / 向上；眉头舒展 / 皱起；闭眼 / 睁大眼

情绪感受：生气 / 开心；平静 / 担心

内心想法：A. 这是我的笔，我什么时候想拿回去都可以！

B. 阿松怎么还不还给我，我只好抢回来！

C. 我不知道怎么跟阿松说，只好抢！

D. 他还没用完，那他继续用吧！

阿松

肢体语言：一手伸向融融，另一手放画上 / 双手放身侧；转身看向融融 / 低头看画

面部表情：嘴张开 / 闭紧；眼睛睁大 / 闭起；眉毛挑起 / 眉头舒展

情绪感受：惊讶 / 平静；生气 / 开心

内心想法：A. 融融怎么拿回去了？

B. 笔是融融的，他什么时候拿回去都行。

C. 融融怎么这么小气！

D. 是我错了，我应该早点还给他的。

社交能力培养第二个方面：解决问题

图片呈现的主要问题是什么？

A. 融融抢回自己的笔　　B. 融融喜欢自己的笔

C. 阿松借笔不还　　D. 阿松没告诉融融什么时候还

生活中你会经常遇到类似的事吗？可以举例吗？

提示：可以结合孩子的经历给予提示。

社交能力培养第三个方面：推测结果

阿松借了水彩笔好久不还，融融不说话，把笔抢了回去，结果怎样？

阿松很生气。/ 阿松觉得不好意思，把笔还给融融。

阿松借了水彩笔好久不还，融融有礼貌地向阿松要回了笔，结果怎样？

阿松很生气。/ 阿松把笔还给融融。

社交能力培养第四个方面：使用适当的言辞（说什么）和语气（怎么说）

在阿松借笔的时候，融融可以说什么？

A.“可以，你什么时候还？”　　B.“对不起，不行！”

C.“可以，你上课前还给我，好吗？”　　D.“可以，不过我下节课要用哦！”

阿松借笔很久没还，融融想把笔要回来，融融可以说什么？

A.“阿松，你用完笔了吗？”　　B.“阿松，还我笔！”

C.“阿松，我需要用我的水彩笔了。”　　D. 什么都不说，直接抢回笔

融融该用什么语气说话？

A. 生气　　B. 命令

C. 诚恳　　D. 平静

品格培养

1. **事先沟通。**当别人向你借用物品时，你们可以事先沟通好归还的时间，这样双方都知道该什么时候还回物品。
2. **信任别人。**相信别人会遵守诺言。如果融融相信阿松肯定会把笔还给他，他就不会担心了。当然，如果阿松辜负了融融的信任，不肯按时还笔，或者把笔损坏了，也不赔偿，那么以后当他还想借融融的东西时，融融就可能会说不行了。
3. **为人大方。**当把一些小东西借给别人，别人忘了还或弄坏了时，我们都不用太烦恼，就当送给别人了。做人不必斤斤计较。

故事 35 说话不算数

语言能力培养第一步：回答 WH 问题

❶ 图片里有哪些人?

图片里有______。

❷ 他们在哪里?

走廊 / 教室 / 操场 / 学校门口；他们在______。

❸ 现在是什么时间?

课间休息 / 上课时间 / 早操时间 / 放学时间；现在是______。

❹ 壮壮想要什么?

融融的水彩笔 / 他自己的书 / 融融的漫画书 / 他自己的水彩笔；壮壮想要______。

❺ 融融答应借给壮壮他的漫画书了吗?

答应了 / 没有答应；他______。

❻ 融融借给壮壮他的书了吗?

借了 / 没借；他______。

语言能力培养第二步：叙述事件

请用自己的话描述图片。

提示：图片里有融融、壮壮和其他同学。他们在教室里。现在是放学时间。壮壮想借融融的书，融融原本答应了，但并没借给壮壮。

社交能力培养第一个方面：察言观色和换位思考——理解表情、动作、感受、想法

提问句式：xx 的肢体语言是怎样的? xx 的面部表情是怎样的? xx 有怎样的感受? xx 是怎样想的?

融融
肢体语言：手握书包带 / 双手放身侧；背对壮壮 / 面对壮壮；低头 / 抬头
面部表情：嘴角向下 / 向上
情绪感受：不情愿 / 热心；不高兴 / 高兴
内心想法：A. 这是我的书，我不想借了就不借，不用解释。
B. 这本书太好看了，我舍不得借给他。
C. 壮壮干吗看着我? 我忘记他想要什么了!
D. 我等会儿再把书给壮壮。

壮壮
肢体语言：一手拉融融书包，另一手放桌上 / 双手放身侧；仰头 / 低头；身体前倾 / 身体后仰
面部表情：张嘴 / 闭嘴；眼睛睁大 / 眯起；眉毛挑起 / 眉头舒展
情绪感受：生气 / 开心；好奇 / 自豪
内心想法：A. 融融怎么还不把书借给我?
B. 融融是忘了把书借给我吗?
C. 融融很想把书借给我。
D. 融融怎么说话不算话!

社交能力培养第二个方面：解决问题

图片呈现的主要问题是什么?

A. 融融借书给壮壮　　B. 融融不早点告诉壮壮什么时候还书
C. 壮壮借书不还　　D. 融融答应了把书借给壮壮却没借

融融看完书后不想把书借给壮壮了，他该怎么办?

A. 不借给壮壮了，什么都不用解释　　B. 不借给壮壮了，并解释一下为什么
C. 还是借给他　　D. 借给他，商量好让壮壮尽快还

生活中你会经常遇到类似的事吗? 可以举例吗?

提示：可以结合孩子的经历给予提示。

社交能力培养第三个方面：推测结果

融融看完了书，却不把书借给壮壮，结果怎样?

壮壮很生气。/ 壮壮觉得不好意思。

融融看完了书，就把书借给壮壮了，结果怎样?

壮壮很生气。/ 壮壮感谢融融。

社交能力培养第四个方面：使用适当的言辞（说什么）和语气（怎么说）

融融很喜欢他的漫画书，看完了以后他决定把书按照原先答应的借给壮壮，可是他担心壮壮不还给他，融融该说什么?

A. “书给你，你什么时候还?”　　B. “对不起，我不借给你了!”
C. “我把书借给你，你上课前还给我，好吗?”　　D. “可以，不过我放学后还要看哦!”

融融该用什么语气说话?

A. 生气　　B. 命令　　C. 诚恳　　D. 平静

品格培养

❶ **说话算话。**我们不要随便答应别人的要求，在答应前，要先想一下自己能不能做到，但是一旦答应，就要说到做到，让别人觉得你是一个讲信用的朋友。

❷ **为人大方。**我们要愿意和别人分享好东西，不要只想着自己一个人占有。

融融，你答应
借给我的书呢？
融融
壮壮

融融
壮壮

故事 36 借东西被拒绝

语言能力培养第一步：回答 WH 问题（见图 1）

❶ 图片里主要有哪些人？

图片里主要有______。

❷ 他们在哪里？

走廊 / 教室 / 操场 / 学校门口；他们在______。

❸ 他们在上什么课？

数学 / 英语 / 美术 / 体育；他们在上______。

❹ 壮壮手里拿的是什么？

课本 / 手工纸 / 漫画书 / 什么也没有；壮壮手里拿的是______。

❺ 融融想要什么？

融融自己的荧光手工纸 / 壮壮的荧光手工纸 / 壮壮的漫画书 / 什么都不想要；融融想要______。

❻ 壮壮答应融融的要求了吗？

答应了 / 没有答应；他______。

❼ 壮壮为什么不借纸给融融？

他小气 / 他自己也没有 / 他只有一张 / 他不喜欢融融；因为______。

语言能力培养第二步：叙述事件

请用自己的话描述图片。

提示：图片里主要有融融和壮壮。他们在教室里。他们在上美术课。壮壮手里拿的是手工纸。融融想要壮壮的荧光手工纸，壮壮没有答应，因为他只有一张纸。

社交能力培养第一个方面：察言观色和换位思考——理解表情、动作、感受、想法（见图 2）

提问句式：xx 的肢体语言是怎样的？xx 的面部表情是怎样的？xx 有怎样的感受？xx 是怎样想的？

融融

肢体语言：双手握拳 / 张开；身体前倾 / 后仰

面部表情：张嘴 / 闭嘴；眉头皱起 / 舒展；闭眼 / 睁大眼；大笑 / 大叫

情绪感受：生气 / 开心；着急 / 平静

内心想法：A. 壮壮太小气了！

B. 你不借给我，我就发脾气给你看！

C. 没有荧光纸，我的手工作业一定不会好，怎么办？

D. 好吧，我再想想别的办法。

壮壮

肢体语言：身体前倾 / 后仰；僵硬 / 放松

面部表情：眉毛挑起 / 眉头舒展；睁大眼 / 闭眼

情绪感受：生气 / 开心；惊讶 / 平静

内心想法：A. 融融怎么这么不讲道理！

B. 融融是疯了吗？为什么反应这么大？

C. 是我不对，我还是把纸给他好了。

D. 融融没有荧光纸，他好可怜！

社交能力培养第二个方面：解决问题

图片呈现的主要问题是什么？

A. 融融想要荧光纸　　B. 融融没有荧光纸就不能做手工作业

C. 壮壮不借给融融他想要的纸　　D. 融融被拒绝了就大闹

融融向壮壮借荧光纸被拒绝了，他该怎么办？

A. 大哭大闹　　B. 跟壮壮讨价还价

C. 就用自己的普通纸　　D. 向别的同学借

生活中你会经常遇到类似的事吗？可以举例吗？

提示：可以结合孩子的经历给予提示。

社交能力培养第三个方面：推测结果

融融想向壮壮借荧光纸被拒绝了，融融大哭大闹，结果怎样？

壮壮、老师和其他同学都很生气，觉得融融很不好相处。/ 壮壮觉得不好意思，把纸借给他。

融融向壮壮借荧光纸被拒绝了，融融就用自己的普通纸做手工作业，结果怎样？

壮壮、老师和其他同学都觉得融融做的手工很难看。/ 融融顺利完成了手工作业。

社交能力培养第四个方面：使用适当的言辞（说什么）和语气（怎么说）

融融向壮壮借荧光纸被拒绝了，融融该说什么？

A. “你太小气了！”　　B. “那分给我一半，好吗？”

C. “哦，没关系。”　　D. “有什么了不起！”

融融该用什么语气说话？

A. 生气　　B. 委屈

C. 诚恳　　D. 平静

品格培养

灵活思考，不强求。没有人能想要什么就有什么。在得不到想要的东西时，大哭大闹往往是没有用的，这个时候我们最好转移注意力，想一想如果没有那个东西，我们该怎样做，才能得到最好的结果。比如，如果没有荧光纸，我们怎样才能把手工作业做得漂亮。思考方式要灵活，不要钻牛角尖，一门心思只想着一种方法。

故事 37 粗鲁拒绝，不解释

语言能力培养第一步：回答 WH 问题

❶ 图片里主要有哪些人？

图片里主要有______。

❷ 他们在哪里？

走廊 / 教室 / 操场 / 学校门口；他们在______。

❸ 现在是什么时间？

课间休息 / 上课时间 / 早操时间 / 午饭时间；现在是______。

❹ 元元说了什么？

“融融，我们一起去找老师吧！”/“融融，我们一起去操场玩吧！”/“融融，我们一起去上课吧！”/“融融，我们一起回家吧！”元元说______。

❺ 融融做了什么？

和元元一起去玩 / 和元元一起回家 / 推开元元 / 打元元；融融______。

❻ 融融想要什么？

自己一个人玩 / 和元元一起玩 / 上厕所 / 和别人玩；他想______。

语言能力培养第二步：叙述事件

请用自己的话描述图片。

提示：图片里主要有融融和元元。他们在走廊里。现在是课间休息时间。元元说：“融融，我们一起去操场玩吧！”融融推开元元，他想上厕所。

社交能力培养第一个方面：察言观色和换位思考——理解表情、动作、感受、想法

提问句式：xx 的肢体语言是怎样的？ xx 的面部表情是怎样的？ xx 有怎样的感受？ xx 是怎样想的？

融融

肢体语言：推开元元 / 拉住元元；面对元元 / 背对元元

面部表情：面无表情 / 喜笑颜开

情绪感受：厌烦 / 抱歉

内心想法：A. 别拉我，我要赶紧去上厕所！ B. 讨厌！我才不要和你玩！

C. 我等会儿再跟你玩！ D. 对不起，现在不行！

元元

肢体语言：面对融融 / 背对融融；身体前倾 / 后仰

面部表情：嘴微张 / 闭；睁大眼 / 闭眼

情绪感受：惊讶 / 平静；生气 / 开心

内心想法：A. 融融怎么这么不讲道理！

B. 融融是疯了吗？为什么请他玩他要推开我？

C. 是我不对，吓着他了。

D. 融融太没礼貌了，下次再也不跟他玩了！

社交能力培养第二个方面：解决问题

图片呈现的主要问题是什么？

A. 融融想要上厕所 B. 融融推开元元

C. 融融推开元元，却不解释拒绝的原因 D. 元元吓到融融了

融融想上厕所，元元却邀请他一起玩，融融该怎么办？

A. 一把推开元元 B. 解释一下

C. 告诉老师 D. 什么也不说，绕开元元

生活中你会经常遇到类似的事吗？可以举例吗？

提示：可以结合孩子的经历给予提示。

社交能力培养第三个方面：推测结果

元元邀请融融一起玩，融融一把推开她，结果怎样？

元元很生气，以后再也不找融融玩了。/ 元元很不好意思，向融融道歉。

元元请融融一起玩，融融向她解释他为什么不行，结果怎样？

元元很生气，以后再也不找融融玩了。/ 元元表示理解，过会儿再找融融玩。

社交能力培养第四个方面：使用适当的言辞（说什么）和语气（怎么说）

元元邀请融融一起玩，融融却急着上厕所，融融该说什么？

A.“别碰我！” B.“对不起，我要先上厕所！”

C.“等一下！” D.“不行不行！”

融融该用什么语气说话？

A. 抱歉 B. 委屈 C. 诚恳 D. 平静

品格培养

礼貌地拒绝他人。拒绝他人的邀请时要告诉对方拒绝的原因。这个原因应该是来自自己，而不是来自对方。比如，你拒绝参加朋友的生日聚会，理由应该是与自己的时间安排有冲突，而不是朋友请的其他人你不喜欢，或者是你不喜欢生日聚会的地点。

男厕所
融融
元元
融融，我们一起去操场玩吧！

融融
元元

故事 38 没戴红领巾

语言能力培养第一步：回答 WH 问题

❶ 图片里主要有哪些人？

图片里主要有______。

❷ 他们在哪里？

走廊 / 教室 / 操场 / 学校门口；他们在______。

❸ 现在是什么时间？

课间休息 / 上课时间 / 早操时间 / 上学时间；现在是______。

❹ 值日女同学说了什么？

“我们去找老师吧！” / “你没戴红领巾，要登记扣分！” / “戴了红领巾要过来登记一下！” / “没戴红领巾要回家去拿！” 值日女同学说______。

❺ 两位值日同学做了什么？

打融融 / 拉住融融 / 笑话融融 / 赶走融融；他们______。

❻ 融融做了什么？

在书包里找红领巾 / 回家去拿红领巾 / 一边大叫，一边推开值日同学 / 登记自己的信息；融融______。

语言能力培养第二步：叙述事件

请用自己的话描述图片。

提示：图片里主要有融融和两位值日同学。他们在学校门口。现在是上学时间。值日女同学说：“你没戴红领巾，要登记扣分！”他们拉住了融融。融融一边大叫，一边推开他们。

社交能力培养第一个方面：察言观色和换位思考——理解表情、动作、感受、想法

提问句式：xx 的肢体语言是怎样的？ xx 的面部表情是怎样的？ xx 有怎样的感受？ xx 是怎样想的？

融融

肢体语言：身体前倾 / 后仰；双手放身侧 / 伸手推人

面部表情：张嘴 / 闭嘴；眉头皱起 / 舒展；睁大眼 / 闭眼

情绪感受：生气 / 开心；害怕 / 自豪；着急 / 平静

内心想法：A. 我不要扣分！不要扣分！　B. 讨厌！你们放开我！

C. 我要去找红领巾！　D. 我上课要迟到了！

值日女同学

肢体语言：身体后仰 / 前倾；伸手挡融融 / 双手放身侧

面部表情：张嘴 / 闭嘴；睁大眼 / 闭眼

情绪感受：惊讶 / 平静；生气 / 开心

内心想法：A. 这个同学怎么这么不讲道理！

B. 这个同学是疯了吗？为什么反应这么大？

C. 是我不对，挡着他了。

D. 他违反了校规，必须接受处罚！

社交能力培养第二个方面：解决问题

图片呈现的主要问题是什么？

A. 融融没戴红领巾　B. 值日同学拉住融融不放

C. 融融不接受处罚　D. 融融要迟到了

融融上学没戴红领巾，被值日同学叫去登记扣分，融融该怎么办？

A. 一把推开值日同学　B. 解释一下

C. 接受处罚　D. 回家去拿

生活中你会经常遇到类似的事吗？可以举例吗？

提示：可以结合孩子的经历给予提示。

社交能力培养第三个方面：推测结果

融融上学没戴红领巾，被值日同学叫去登记扣分，融融尖叫大闹，结果怎样？

老师很生气，不仅扣了融融的分，还给了他别的处罚。/ 老师很同情融融，对值日同学说算了。

融融上学没戴红领巾，被值日同学叫去登记扣分，融融接受处罚，结果怎样？

老师很生气，不仅扣了融融的分，还给了他别的处罚。/ 融融被扣了分，但按时上学了。第二天他记住了教训，没忘戴红领巾。

社交能力培养第四个方面：使用适当言辞（说什么）和语气（怎么说）

融融上学没戴红领巾，被值日同学叫去登记扣分，融融该说什么？

A. “对不起，我忘戴了！”　B. “不要扣我的分！”

C. “不要不要！”　D. “我气死了！”

融融该用什么语气说话？

A. 抱歉　B. 生气　C. 诚恳　D. 命令

品格培养

接受处罚。没有人会不犯错误，犯了错误就要接受处罚。只要记住教训，改正错误，这个处罚就对我们有益，但是如果想尽办法逃避处罚或者抗拒处罚，我们就会犯下更多错误。

融融
你没戴红领巾，
要登记扣分！

融融

故事 39 上课大笑

语言能力培养第一步：回答 WH 问题

❶ 图片里有哪些人？

图片里有______。

❷ 他们在哪里？

走廊 / 教室 / 操场 / 学校门口；他们在______。

❸ 现在是什么时间？

课间休息 / 上课时间 / 早操时间 / 放学时间；现在是______。

❹ 融融在干什么？

大哭 / 大笑 / 唱歌 / 认真听讲；融融在______。

❺ 别的同学在做什么？

看融融 / 大笑 / 唱歌 / 认真听讲；他们在______。

语言能力培养第二步：叙述事件

请用自己的话描述图片。

提示：图片里有融融、老师和同学们。他们在教室里。现在是上课时间。融融在大笑，别的同学都在看他。

社交能力培养第一个方面：察言观色和换位思考——理解表情、动作、感受、想法

提问句式：xx 的肢体语言是怎样的？ xx 的面部表情是怎样的？ xx 有怎样的感受？ xx 是怎样想的？

融融

肢体语言：双手放在桌上 / 其中一只手伸向空中

面部表情：张嘴 / 闭嘴；睁大眼 / 闭眼；大笑 / 大叫

情绪感受：平静 / 兴奋

内心想法：A. 哈哈，想到这件事我就想笑！

B. 想笑就笑，没有什么不对的！

C. 哎呀，别人都在认真听讲，我也要安静！

D. 老师真不讲道理！

前面女同学

肢体语言：扭头看融融 / 专心听课

面部表情：瞪眼 / 眯眼

情绪感受：厌烦 / 高兴；好奇 / 平静

内心想法：A. 融融好奇怪呀！　B. 融融是疯了吗？为什么没事大笑？

C. 融融真搞笑。　D. 融融好烦啊！

老师

肢体语言：一手放嘴前，另一手放身前 / 双手放身侧；面对融融 / 背对融融

面部表情：张嘴 / 嘴唇噘起；眉头舒展 / 皱起；看融融 / 不看融融

情绪感受：好奇 / 平静；生气 / 高兴

内心想法：A. 融融好奇怪呀！

B. 融融是疯了吗？为什么没事大笑？

C. 融融真搞笑。

D. 融融太不遵守课堂纪律了！我要处罚他！

社交能力培养第二个方面：解决问题

图片呈现的主要问题是什么？

A. 融融大笑　B. 老师不理解融融

C. 融融上课时没事大笑　D. 融融没专心听讲

融融上课时想到好笑的事，很想大笑，他该怎么办？

A. 放声大笑　B. 笑完后解释一下　C. 忍住不笑　D. 小声偷笑

还有哪些事会在课堂上影响别人？可以举例吗？

提示：可以结合孩子的经历给予提示。

社交能力培养第三个方面：推测结果

融融上课时想到好笑的事，就放声大笑，结果怎样？

老师很生气，处罚了融融。/ 老师觉得融融很好笑，和他一起笑。

融融上课时想到好笑的事，但是忍住没笑，结果怎样？

老师很生气，处罚了融融。/ 老师知道了融融忍住了笑，很高兴地表扬了他。

社交能力培养第四个方面：使用适当的言辞（说什么）和语气（怎么说）

融融上课时想到好笑的事，就放声大笑，老师很生气地处罚了他，融融该说什么？

A. “对不起，我不是故意的！”　B. “对不起，我没忍住！”

C. “哈哈，太好笑了！”　D. “我笑有什么错！”

融融该用什么语气说话？

A. 抱歉　B. 生气　C. 诚恳　D. 命令

品格培养

❶ **遵守规定。**生活中有很多规定，比如，交通法规、校规，对于这些规定，我们要认真遵守，不能不当回事！上课的时候不随便说话是校规之一。

❷ **尊重老师、同学。**尊重老师、同学包括在课堂上认真听讲，不做会影响别人的事，如大笑、说不相关的话。

老师
哈哈哈！
融融

老师
融融

故事 40 用手帮别人擦眼泪

语言能力培养第一步：回答 WH 问题

❶ 图片里有哪些人?

图片里有______。

❷ 他们在哪里?

走廊 / 教室 / 操场 / 学校门口；他们在______。

❸ 小美在做什么?

笑 / 哭 / 修笔盒 / 玩笔盒；小美在______。

❹ 小美为什么哭?

被老师批评了 / 同学打了她 / 她的笔盒坏了 / 她的笔盒丢了；因为______。

❺ 融融在做什么?

大哭 / 大笑 / 用手给小美擦眼泪 / 扮鬼脸；融融在______。

语言能力培养第二步：叙述事件

请用自己的话描述图片。

提示：图片里有融融、小美和另外一位同学。他们在教室里。小美在哭，因为她的笔盒坏了。融融在用手给小美擦眼泪。

社交能力培养第一个方面：察言观色和换位思考——理解表情、动作、感受、想法

提问句式：xx 的肢体语言是怎样的? xx 的面部表情是怎样的? xx 有怎样的感受? xx 是怎样想的?

融融

肢体语言：伸手擦小美的眼泪 / 给小美递纸巾；身体前倾 / 后仰

面部表情：睁大眼睛 / 闭起眼睛

情绪感受：同情 / 开心

内心想法：A. 小美为什么要哭呢?

B. 小美的漂亮新笔盒坏了，她一定很伤心!

C. 又不是我的笔盒坏了!

D. 小美哭了，我该怎么办呢?

小美

肢体语言：用手擦眼泪 / 一手抬起，另一手放胸前；身体后仰 / 前倾

面部表情：睁大眼 / 闭眼；眉毛挑起 / 眉头舒展

情绪感受：惊讶 / 平静；生气 / 开心

内心想法：A. 融融好烦！我已经很难过了，他还来烦我！

B. 融融对我真好！

C. 融融怎么用手给我擦眼泪！

D. 融融，你别碰我！

社交能力培养第二个方面：解决问题

图片呈现的主要问题是什么?

A. 小美的笔盒坏了　　B. 融融弄坏了小美的笔盒

C. 小美哭了　　D. 融融用手擦小美的眼泪

小美因为笔盒坏了难过地哭了，融融应该怎么办?

A. 和小美一起哭　　B. 给小美递一张纸巾

C. 帮小美修好笔盒　　D. 用手给小美擦眼泪

还有哪些时候别人会需要安慰? 可以举例吗?

提示：可以结合孩子的经历给予提示。

社交能力培养第三个方面：推测结果

融融见小美哭了就用手给她擦眼泪，结果怎样?

小美更烦了，说："别碰我！" / 小美很感谢融融的关心。

融融见小美哭了就递给她一张纸巾，结果怎样?

小美更烦了，说："别碰我！" / 小美很感谢融融的关心。

社交能力培养第四个方面：使用适当的言辞（说什么）和语气（怎么说）

融融见小美因为笔盒坏了在哭，该说什么?

A. "对不起，不是我弄坏的！"　　B. "别伤心，我们看看可不可以修好。"

C. "来，我给你擦擦眼泪！"　　D. 什么也不说，递纸巾

融融该用什么语气说话?

A. 命令　　B. 同情　　C. 诚恳　　D. 生气

品格培养

❶ **尊重别人。**尊重别人包括不能随意去碰别人的身体。

❷ **注意卫生。**用手给别人擦眼泪是不卫生的。手上有很多细菌，进入眼睛或者口鼻会使人得病。人们不喜欢不卫生的行为。

❸ **用对方喜欢和接受的方式表示关心。**关心别人要用别人喜欢和可以接受的方式，而不是以我们自己喜欢的方式表现出来。

小美，
不要哭了！
小美的笔盒坏了！
融融
小美

融融
小美

故事 41 被撞后打人

语言能力培养第一步：回答 WH 问题

❶ 图片里有哪些人？

图片里有______。

❷ 他们在哪里？

走廊 / 教室 / 操场 / 学校门口；他们在______。

❸ 大家在做什么？

读课文 / 唱歌 / 做手工 / 写字；大家在______。

❹ 阿松做了什么？

不小心碰到了融融 / 和别的同学说话 / 打融融 / 挠融融痒痒；阿松______。

❺ 融融什么反应？

没有反应 / 打阿松 / 大笑 / 挪开；融融______。

语言能力培养第二步：叙述事件

请用自己的话描述图片。

提示：图片里有融融、阿松和其他同学。他们在教室里。大家在写字。阿松不小心碰到了融融。融融打了阿松。

社交能力培养第一个方面：察言观色和换位思考——理解表情、动作、感受、想法

提问句式：xx 的肢体语言是怎样的？ xx 的面部表情是怎样的？ xx 有怎样的感受？ xx 是怎样想的？

融融

肢体语言：用拳头打阿松 / 双手放桌上；身体前倾 / 后仰

面部表情：眉头皱起 / 舒展；瞪眼 / 眯眼

情绪感受：生气 / 开心

内心想法：A. 阿松为什么碰我？

B. 我本来能写得很漂亮的字被碰歪了！气死我了！

C. 阿松是不小心碰到我的！

D. 没关系，我擦掉重写就好了。

阿松

肢体语言：用手挡融融 / 用手推融融

面部表情：嘴张大 / 闭起；眼睛睁大 / 闭起；眉毛挑起 / 眉头舒展

情绪感受：惊讶 / 平静；委屈 / 自豪；生气 / 开心

内心想法：A. 我是不小心的呀！对不起！

B. 融融为什么发脾气呀？

C. 这么点小事也要发脾气，和融融真难相处啊！

D. 融融这么做是对的！

社交能力培养第二个方面：解决问题

图片呈现的主要问题是什么？

A. 融融不会写老师要求写的字　　B. 阿松碰了融融

C. 融融的字写坏了　　D. 融融不问原因就发脾气

阿松碰到融融，融融的字写歪了，融融应该怎么办？

A. 大闹，打阿松泄愤　　B. 重写一遍

C. 告诉阿松别碰他　　D. 保持平静

生活中还有什么时候需要提醒别人要小心？可以举例吗？

提示：可以结合孩子的经历给予提示。

社交能力培养第三个方面：推测结果

融融被阿松碰了下，字写歪了，他就大发脾气，打了阿松，结果怎样？

同学们都觉得融融脾气不好，不和他做朋友。/ 大家都很同情融融。

融融被阿松碰了下，字写歪了，他提醒阿松小心，然后重写，结果怎样？

同学们都觉得融融脾气不好，不和他做朋友。/ 阿松向融融道歉，后来再没碰到融融，融融顺利完成作业。

社交能力培养第四个方面：使用适当的言辞（说什么）和语气（怎么说）

融融被阿松碰了下，字写歪了，融融该说什么？

A. “对不起，是我自己不好！”

B. “都怪你，害我把字写歪了！”

C. “小心，别再碰到我了！”

D. “你怎么这么笨，就不能小心点！”

融融该用什么语气说话？

A. 生气　　B. 温柔

C. 诚恳　　D. 平静

品格培养

❶ **对事情的重要性进行排序。**如果我们对事情的重要性有一个正确的排序，我们就会减少发脾气的次数。请记住，有的时候与人保持良好的关系比把事情做好更重要。因此，如果融融认为和阿松保持友好的关系比把字写好更重要，他就不会对阿松发脾气。

❷ **控制情绪。**正在做的事情受了别人的影响没做好，这会使我们很受挫，很生气，想责怪那个人。可是发脾气非但不能解决问题，还会让别人远离我们。在这个时候，我们要告诉自己，最重要的是保持心情平静，然后想想怎么解决问题。

❸ **温柔地提醒他人。**当别人做错了事，我们想要提醒他们改正的时候，态度非常重要。如果我们用批评、教育或者生气的口吻，对方会反感，觉得我们不对或者没有权利对他们说那些话，但如果我们用温柔的语气，他们会更容易接受。

故事 42 不认真听通知

语言能力培养第一步：回答 WH 问题（见图 1）

❶ 图片里有哪些人？

图片里有______。

❷ 他们在哪里？

走廊 / 教室 / 操场 / 学校门口；他们在______。

❸ 游园会是几点到几点？

1：30—2：30 / 2：00—3：30 / 3：30—4：30 / 4：30—5：30；游园会是______。

❹ 融融在做什么？

认真听老师讲话 / 歪头想别的事情 / 写字 / 大笑；融融在______。

语言能力培养第二步：叙述事件

请用自己的话描述图片。

提示：图片里有融融、老师和其他同学。他们在教室里。游园会是 2：00—3：30。融融在歪头想别的事。

社交能力培养第一个方面：察言观色和换位思考——理解表情、动作、感受、想法（见图 1）

提问句式：xx 的肢体语言是怎样的？ xx 的面部表情是怎样的？ xx 有怎样的感受？ xx 是怎样想的？

融融

肢体语言：身体坐直 / 手撑头侧身坐

面部表情：看旁边 / 看老师

情绪感受：不在乎 / 担心

内心想法：A. 游园会有什么好玩的呢？　B. 今晚我想吃排骨。

C. 游园会 3：30 开始。　D. 游园会 2：00 开始。

前排女同学

肢体语言：身体坐直 / 手撑头侧身坐

面部表情：看旁边 / 看老师

情绪感受：不在乎 / 担心

内心想法：A. 游园会 2：00 开始，我不能错过了！

B. 游园会 3：30 开始。

C. 今晚我想吃排骨。

D. 游园会有什么好玩的呢？

社交能力培养第二个方面：解决问题

图片呈现的主要问题是什么？

A. 融融错过了游园会　B. 融融故意不想参加游园会

C. 融融没认真听老师讲话，错过了游园会　D. 老师没有重复重要的信息

老师讲了游园会的开始和结束时间，融融没听全，他应该怎么办？

A. 按照听到的时间去游园会　B. 向老师或同学确认一下时间

C. 不去游园会　D. 提早一小时去

生活中还有什么时候我们需要跟别人确认信息？可以举例吗？

提示：可以结合孩子的经历给予提示。

社交能力培养第三个方面：推测结果

老师讲了游园会的开始和结束时间，融融没听全，他按照听到的时间去了，结果怎样？

融融按时到了，玩得很开心。/ 融融错过了游园会。

老师讲了游园会的开始和结束时间，融融没听全，他请老师再说一遍，结果怎样？

融融按时到了，玩得很开心。/ 融融错过了游园会。

社交能力培养第四个方面：使用适当的言辞（说什么）和语气（怎么说）

老师讲了游园会的开始和结束时间，融融没听全，他请老师再说一遍，融融该说什么？

A. “几点开始？”　B. “我没听清。”

C. “对不起，老师，我没听清，能再说一遍吗？”D “再说一遍！”

融融该用什么语气说话？

A. 生气　B. 命令　C. 诚恳　D. 平静

品格培养

❶ **认真听别人说话。**认真听别人说话很重要，因为这是对别人的尊重，也确保我们不会错过重要信息并在别人所说的话的基础上继续对话。

❷ **养成确认的习惯。**每个人都会有漏听信息的时候，所以除非我们非常确定，否则对于一些比较重要的活动和事件，我们要养成确认的习惯。

❸ **给家长的话：**有的小朋友听不全别人讲的话，不完全是没有认真听的缘故，也可能是记忆能力、语言理解能力等方面的不足造成的。对于这样的情况，一方面我们可以通过向老师确认或者请老师把重要信息写下来补救，另一方面要请言语语言治疗师来帮助孩子提高这些能力。

下午的游园会是2点开始，
3点半结束哦！
融融

游园会怎么收了？
不是3点半开始的吗？
3点半结束啊！
融融

下午的游园会是2点开始，
3点半结束哦！
融融

故事 43 忽视同学的好意

语言能力培养第一步：回答 WH 问题

❶ 图片里有哪些人？

图片里有______。

❷ 他们在哪里？

走廊 / 教室 / 操场 / 学校门口；他们在______。

❸ 小美做了什么？

抢融融的东西 / 和融融聊天 / 帮融融收拾书包 / 等融融一起回家；小美______。

❹ 融融在做什么？

打开书包 / 找笔盒 / 背着书包离开 / 和小美聊天；融融在______。

❺ 融融对小美说了什么？

"谢谢！" / "再见！" / "你好！" / 什么也没说；融融______。

语言能力培养第二步：叙述事件

请用自己的话描述图片。

提示：图片里有融融和小美。他们在教室里。小美帮融融收拾了书包，融融什么也没说，就背着书包离开了。

社交能力培养第一个方面：察言观色和换位思考——理解表情、动作、感受、想法

提问句式：xx 的肢体语言是怎样的？ xx 的面部表情是怎样的？ xx 有怎样的感受？ xx 是怎样想的？

融融

肢体语言：背对小美 / 面对小美

面部表情：面无表情 / 微笑

情绪感受：没反应 / 开心

内心想法：A. 小美太好了！

B. 小美帮了我的忙，我真感谢她！

C. 我要赶快回家了！

D. 我不需要小美帮忙！

小美

肢体语言：面对融融 / 背对融融

面部表情：看融融 / 看别处

情绪感受：平静 / 奇怪；失望 / 得意；生气 / 开心

内心想法：A. 融融需要帮助，不管他怎么对待我，我都要帮助他！

B. 融融一定是在心里感谢我。

C. 融融怎么都不说谢谢？

D. 融融真没礼貌！我再也不想帮他了！

社交能力培养第二个方面：解决问题

图片呈现的主要问题是什么？

A. 融融收拾书包太慢　　B. 融融请小美帮他收拾书包

C. 融融没有对小美说谢谢　　D. 小美太小心眼

小美帮融融收拾书包，融融应该怎么办？

A. 什么也不说，直接走人　　B. 告诉小美他不需要帮助

C. 感谢小美　　D. 帮小美收拾书包

在学校里还有什么时候我们需要感谢别人？可以举例吗？

提示：可以结合孩子的经历给予提示。

社交能力培养第三个方面：推测结果

小美帮融融收拾书包，融融什么也不说就走了，结果怎样？

小美很高兴，下次继续帮融融收拾。/ 小美觉得融融没礼貌，以后不理他了。

小美帮融融收拾书包，融融对她说谢谢，结果怎样？

小美很高兴，下次继续帮融融收拾。/ 小美觉得融融没礼貌，以后不理他了。

社交能力培养第四个方面：使用适当的言辞（说什么）和语气（怎么说）

小美帮融融收拾书包，融融很感谢她，融融该说什么？

A. "谢谢！"　　B. "谢谢你帮我收拾书包！"

C. "对不起，麻烦你了。"　　D. "再见！"

融融该用什么语气说话？

A. 生气　　B. 抱歉

C. 诚恳　　D. 平静

品格培养

要有礼貌。在别人帮你做了小事情以后，看着对方的眼睛说"谢谢"是基本的礼貌之一。

我帮融融收书包，
他怎么什么也不说
就走了？
小美
融融

小美
融融

故事 44 大声纠正同学

语言能力培养第一步：回答 WH 问题

❶ 图片里有哪些人？

图片里有______。

❷ 他们在哪里？

走廊 / 教室 / 操场 / 学校门口；他们在______。

❸ 现在是什么时间？

早操时间 / 上课时间 / 课间休息 / 放学时间；现在是______。

❹ 壮壮在做什么？

和同学说话 / 问问题 / 读课文 / 做数学题；壮壮在______。

❺ 融融在做什么？

小声提醒壮壮 / 想心事 / 大声更正壮壮 / 自己读课文；融融在______。

❻ 其他同学在做什么？

写字 / 说话 / 偷笑 / 打闹；其他同学在______。

❼ 老师在做什么？

表扬壮壮 / 批评壮壮 / 表扬融融 / 让融融保持安静；老师在______。

语言能力培养第二步：叙述事件

请用自己的话描述图片。

提示：图片里有融融、壮壮、老师及其他同学。他们在教室里。现在是上课时间。壮壮在读课文。融融大声地更正壮壮。其他同学在偷笑，老师让融融保持安静。

社交能力培养第一个方面：察言观色和换位思考——理解表情、动作、感受、想法

提问句式：xx 的肢体语言是怎样的？ xx 的面部表情是怎样的？ xx 有怎样的感受？ xx 是怎样想的？

融融

肢体语言：转向壮壮 / 低头

面部表情：张嘴 / 闭嘴；看壮壮 / 看书本

情绪感受：无所谓 / 得意

内心想法：A. 壮壮错了，我要帮他改正。

B. 我要让大家都知道我发现了壮壮的错误。

C. 下课后我再告诉壮壮错在哪里。

D. 老师不更正壮壮，那就我来吧！

壮壮

肢体语言：身体僵硬 / 放松

面部表情：嘴角向上 / 下；眼睛斜着看融融 / 向前看；眉头舒展 / 皱起；脸红 / 脸白

情绪感受：尴尬 / 平静；生气 / 开心

内心想法：A. 大家都在笑话我，好没面子。

B. 融融干吗当众纠正我！我太没面子了！

C. 我要谢谢融融纠正我的错误。

D. 融融真棒！

老师

肢体语言：转向融融 / 背对融融

面部表情：嘴角向上 / 下；看融融 / 看壮壮；眉头舒展 / 皱起

情绪感受：生气 / 平静

内心想法：A. 谢谢融融帮我纠正壮壮的错误。

B. 融融真是个乐于助人的好孩子！

C. 纠正壮壮的错误是我的事，融融这样做扰乱了课堂秩序。

D. 好多同学都在偷笑，壮壮该多尴尬啊！

社交能力培养第二个方面：解决问题

图片呈现的主要问题是什么？

A. 融融不知道壮壮念错字

B. 融融发现壮壮念错字

C. 融融在壮壮念错字的时候打断他，大声纠正他的错误

D. 老师没发现壮壮念错字

融融发现壮壮念错了字，他应该怎么办？

A. 什么也不说　　B. 偷偷笑话他

C. 立即大声纠正　　D. 下课后告诉他

在学校里还有什么时候我们不可以大声打断别人？可以举例吗？

提示：可以结合孩子的经历给予提示。

社交能力培养第三个方面：推测结果

壮壮念错了字，融融马上大声纠正，结果怎样？

同学们偷笑，老师批评融融，壮壮感到很尴尬。/ 壮壮感谢融融，老师和同学们都觉得融融很聪明。

壮壮念错了字，融融什么也没说，结果怎样？

同学们偷笑，老师批评融融，壮壮感到很尴尬。/ 等壮壮念完，老师纠正了壮壮的错误。

社交能力培养第四个方面：使用适当的言辞（说什么）和语气（怎么说）

壮壮念错了字，如果老师和其他同学都没发现，融融该说什么？

A. “壮壮错了！”

B. 先举手，然后说：“老师，我觉得壮壮有一个字没念对。”

C. 下课后悄悄告诉壮壮那个字该读 xiān 而不是 jiān

D. “你们怎么都没发现壮壮念错字了？”

融融该用什么语气说话？

A. 感谢　　B. 责备　　C. 诚恳　　D. 平静

品格培养

1. **不随便打断别人。**在课堂上不能随便打断老师、同学，那是不礼貌的，也会影响其他同学的思考。如果发现有错或者有问题，要先举手后发言。
2. **要谦逊。**在课堂上大声纠正别人，别人会觉得你是在炫耀，你可以在私下悄悄地告诉对方。

故事 45 嘲笑摔跤同学

语言能力培养第一步：回答 WH 问题

1. 图片里主要有哪些人？

图片里主要有______。

2. 他们在哪里？

走廊 / 教室 / 操场 / 学校门口；他们在______。

3. 他们在上什么课？

数学 / 语文 / 体育 / 英语；他们在上______。

4. 浩子怎么了？

在跑步 / 在跳高 / 摔倒了 / 在发脾气；浩子______。

5. 融融在做什么？

跑去帮助浩子 / 摔倒了 / 大笑 / 叫人来帮忙；融融在______。

语言能力培养第二步：叙述事件

请用自己的话描述图片。

提示：图片里主要有融融和浩子。他们在操场上体育课。浩子摔倒了，融融大笑。

社交能力培养第一个方面：察言观色和换位思考——理解表情、动作、感受、想法

提问句式：xx 的肢体语言是怎样的？ xx 的面部表情是怎样的？ xx 有怎样的感受？ xx 是怎样想的？

融融

肢体语言：一手放嘴边，另一手指向浩子 / 双手放身侧

面部表情：大笑 / 大哭；眼睛眯起 / 睁大；嘴巴张大 / 闭起

情绪感受：好笑 / 担心

内心想法：A. 哈哈，浩子摔倒了，大家都看到了没有啊？别错过了他的丑样！

B. 哈哈，浩子摔跤的样子太滑稽了！

C. 浩子没有受伤吧？我得过去看看！

D. 浩子一定很疼吧！我得去安慰一下他！

浩子

肢体语言：趴着 / 站着

面部表情：眉头舒展 / 皱起；眼睛闭起 / 睁大

情绪感受：疼痛 / 没感觉；尴尬 / 得意；生气 / 开心

内心想法：A. 大家都在笑话我，好没面子。

B. 融融居然在我摔倒的时候嘲笑我，太没同情心了！

C. 融融这一笑，我觉得好多了！

D. 啊，好痛啊！融融笑得我更难受了！

社交能力培养第二个方面：解决问题

图片呈现的主要问题是什么？

A. 融融笑话浩子　　B. 融融看见浩子摔倒了

C. 浩子摔倒了　　D. 浩子跑步姿势不正确

浩子摔倒了，融融应该怎么办？

A. 假装没看见　　B. 跑去扶起他

C. 大笑　　D. 问他要不要帮忙

还可以怎样帮助浩子？可以举例吗？

提示：可以结合孩子的经历给予提示。

社交能力培养第三个方面：推测结果

浩子摔倒了，融融大笑，结果怎样？

大家都觉得融融没有同情心。/ 大家都觉得融融很有幽默感。

浩子摔倒了，融融大笑，融融知道自己不该笑，赶紧停下并道歉，结果怎样？

浩子不理融融。/ 浩子原谅了融融。

浩子摔倒了，融融跑去扶起他，结果怎样？

大家都觉得融融没有同情心。/ 大家都觉得融融很有爱心。

社交能力培养第四个方面：使用适当的言辞（说什么）和语气（怎么说）

浩子摔倒了，融融该说什么？

A. “哈哈，你摔倒的样子太好笑了！”　　B. “哈哈，这下你赶不上我了！”

C. “没事吧？”　　D. “我能做点什么？”

融融该用什么语气说话？

A. 同情　　B. 抱歉　　C. 命令　　D. 平静

品格培养

同情别人。当别人摔倒、生病或心情不好时，你要想一下自己摔倒、生病或心情不好时的感受，这样我们就能理解别人的心情；想一下此时你希望别人为你做什么，你就会知道怎样去帮助别人。

融融
浩子

融融
浩子

故事 46 不懂求助

语言能力培养第一步：回答 WH 问题

1 图片里主要有哪些人？

图片里主要有______。

2 他们在哪里？

走廊 / 教室 / 操场 / 教学楼门口；他们在______。

3 天气怎么样？

太热了 / 下雪了 / 下大雨了 / 太冷了；______。

4 融融没有什么？

书包 / 红领巾 / 雨伞 / 鞋子；融融没有______。

5 融融在做什么？

找同学帮忙 / 找老师帮忙 / 干等着 / 打电话给妈妈；融融在______。

语言能力培养第二步：叙述事件

请用自己的话描述图片。

提示：图片里主要有融融和元元。他们在教学楼门口。下大雨了，融融没有雨伞，他在干等着。

社交能力培养第一个方面：察言观色和换位思考——理解表情、动作、感受、想法

提问句式：xx 的肢体语言是怎样的？ xx 的面部表情是怎样的？ xx 有怎样的感受？ xx 是怎样想的？

融融

肢体语言：面对同学 / 背对同学

面部表情：看同学 / 不看同学

情绪感受：兴奋 / 不知所措

内心想法：A. 好大的雨啊！我回不了家，怎么办？

B. 好大的雨啊！ 我想去雨里玩！

C. 这雨什么时候能停呢？

D. 淋着雨回家，会不会感冒呢？

社交能力培养第二个方面：解决问题

图片呈现的主要问题是什么？

A. 下雨了　　B. 融融没有雨伞

C. 没人关心融融　　D. 融融不去找人帮忙

下大雨了，融融没有雨伞，他该怎么办？

A. 直接走进雨里　　B. 找同学或老师帮忙

C. 干等着　　D. 回教室做作业

融融还可以怎么办？可以举例吗？

提示：可以结合孩子的经历给予提示。

社交能力培养第三个方面：推测结果

下大雨了，融融没有雨伞，他着急地等在学校门口，结果怎样？

融融等了很久都不能回家。/ 融融很快回了家。

下大雨了，融融没有雨伞，他问有伞的同学能不能一起打伞，结果怎样？

融融等了很久都不能回家。/ 融融很快回了家。

下大雨了，融融没有带雨伞，他向老师借手机给妈妈打电话，结果怎样？

融融等了很久都不能回家。/ 融融很快回了家。

社交能力培养第四个方面：使用适当的言辞（说什么）和语气（怎么说）

下大雨了，融融没有雨伞，他问有伞的同学能不能一起打伞，他该怎么说？

A. “元元，我没带伞。”　　B. “元元，把你的伞借给我！”

C. “元元，可以和你一起打伞吗？”　　D. “我需要帮忙！”

下大雨了，融融没带伞，他向老师借手机给妈妈打电话，他该对老师说什么？

A. “张老师，我没带伞！”

B. “张老师，借你电话用一下！”

C. “张老师，我想告诉妈妈我没带伞，能借您电话用一下吗？”

D. “我需要帮忙！”

融融该用什么语气说话？

A. 命令　　B. 询问　　C. 诚恳　　D. 平静

品格培养

寻求帮助。每个人都会有需要别人帮助的时候，不要羞于求助，因为大多数的人都会觉得帮助别人会让他们快乐；也不要拒绝别人的帮助，因为承认自己需要帮助是有勇气的表现。

元元
融融

元元
融融

故事 47 书包不见了

语言能力培养第一步：回答 WH 问题

1. 图片里有哪些人？
图片里有______。
2. 他们在哪里？
走廊 / 教室 / 操场 / 学校门口；他们在______。
3. 现在是什么时间？
课间休息 / 上课时间 / 放学时间 / 午饭时间；现在是______。
4. 他们在做什么？
打架 / 打篮球 / 打排球 / 捉迷藏；他们在______。
5. 发生什么事了？
融融受伤了 / 融融打球输了 / 融融找不到自己的书包 / 融融找不到壮壮的书包；融融______。
6. 融融做了什么？
埋头找书包 / 问同学 / 大哭大叫 / 找老师；融融在______。

语言能力培养第二步：叙述事件

请用自己的话描述图片。
提示：图片里有融融和同学们。他们在操场上打篮球。现在是放学时间。融融找不到自己的书包。他在大哭大叫。

社交能力培养第一个方面：察言观色和换位思考——理解表情、动作、感受、想法

提问句式：xx 的肢体语言是怎样的？ xx 的面部表情是怎样的？ xx 有怎样的感受？ xx 是怎样想的？

融融
肢体语言：双手握拳 / 张开；仰头 / 低头
面部表情：大哭 / 大笑；嘴巴张大 / 闭起；眼睛睁大 / 闭起
情绪感受：着急 / 无所谓；难过 / 平静
内心想法：A. 完了，书包找不到了！
B. 找不到书包我就做不了作业了！我会挨骂的！
C. 我问问别人有没有看到吧！
D. 我会不会把书包落在教室了？

同学们
肢体语言：转向融融 / 背对融融
面部表情：看融融 / 不看融融
情绪感受：不理解 / 兴奋
内心想法：A. 他怎么了？为什么哭？　B. 需要我帮忙吗？
C. 至于这样吗？　D. 融融哭起来真可爱！

社交能力培养第二个方面：解决问题

图片呈现的主要问题是什么？
A. 融融的书包不见了　B. 有人偷融融的书包
C. 融融找不到书包，就大哭大叫　D. 融融没有仔细找书包
融融找不到书包，他应该怎么办？
A. 大哭大叫　B. 找同学或老师帮忙　C. 坐下来好好想想　D. 再到处找找
还有什么突发事件会发生在学校里？可以举例吗？
提示：可以结合孩子的经历给予提示。

社交能力培养第三个方面：推测结果

融融找不到书包，就大哭大叫，结果怎样？
融融哭了很久，大家觉得他很怪。/ 大家都来帮融融找书包。
融融找不到书包，就请大家帮忙一起找，结果怎样？
融融哭了很久，大家觉得他很怪。/ 大家都来帮融融找书包。

社交能力培养第四个方面：使用适当的言辞（说什么）和语气（怎么说）

融融找不到书包，他向别人寻求帮助，他该怎么说？
A. “阿松，我的书包不见了！”　B. “壮壮，你看见我的书包了吗？”
C. “浩子，你能帮我找一下书包吗？”　D. “我需要帮忙！”
融融该用什么语气说话？
A. 请求　B. 询问　C. 命令　D. 平静

品格培养

1. **评估问题的大小。**遇到问题时先评估它的大小，如果是小问题，就自己解决，如果问题中等，可以找同学帮忙；如果是大问题，就要找大人帮忙解决了。
2. **保持冷静。**突然发生不好的事情时，如丢东西、受伤、忘记带东西，由于神经忽然紧张，每个人都会有一些身体上和精神上的不适反应。这个时候我们要评估事情的大小以保持冷静，记住，发泄情绪不能解决问题，只有头脑冷静，我们才能很好地思考。如果不知道怎么办，我们可以找别人帮忙。

融融

融融

故事 48 乱扔纸团

语言能力培养第一步：回答 WH 问题

1 图片里有哪些人？

图片里有______。

2 他们在哪里？

走廊 / 教室 / 操场 / 学校门口；他们在______。

3 融融在做什么？

扔纸团 / 擦黑板 / 捡纸团 / 扫地；融融在______。

4 纸团扔在了哪里？

垃圾桶里 / 课桌上 / 垃圾桶前面的地上 / 同学身上；纸团扔在了______。

语言能力培养第二步：叙述事件

请用自己的话描述图片。

提示：图片里有融融和同学们。他们在教室里。融融扔纸团，但把纸团扔在了垃圾桶前面的地上。

社交能力培养第一个方面：察言观色和换位思考——理解表情、动作、感受、想法

提问句式：xx 的肢体语言是怎样的？ xx 的面部表情是怎样的？ xx 有怎样的感受？ xx 是怎样想的？

融融

肢体语言：扔纸团 / 捡纸团；背对垃圾桶 / 面对垃圾桶

面部表情：看着垃圾桶 / 不看垃圾桶

情绪感受：无所谓 / 难为情

内心想法：A. 扔纸团真好玩！

B. 下一个一定能扔进！

C. 我得把纸团捡起来，重新丢进垃圾桶！

D. 我就是想让值日同学多做点事情！

站着的值日同学

肢体语言：手指融融 / 手放口袋

面部表情：眉头皱起 / 舒展；眼睛睁大 / 眯起

情绪感受：生气 / 平静

内心想法：A. 扔得好！加油！

B. 别再扔啦！不然我要捡的纸团太多啦！

C. 我也来扔几个试试！

D. 融融太没有公德心了！

社交能力培养第二个方面：解决问题

图片呈现的主要问题是什么？

A. 垃圾桶太远了 B. 融融扔不准

C. 融融不捡他扔在地上的纸团 D. 值日同学不愿意捡纸团

融融没有把纸团扔进垃圾桶，他应该怎么办？

A. 再多扔几个 B. 让值日同学去捡

C. 把纸团捡起来，重新丢进垃圾桶 D. 不再扔纸团

在和别人共享一个空间的时候还有哪些事是要注意的？

提示：可以结合孩子的经历给予提示。

社交能力培养第三个方面：推测结果

融融把纸团扔在垃圾桶外面不去捡，结果怎样？

值日同学需要捡很多纸团，对融融很有意见。/ 值日同学高高兴兴地捡起了所有纸团。

融融把纸团扔到垃圾桶外面，他把它们捡起来重新丢进桶里，结果怎样？

值日同学需要捡很多纸团，对融融很有意见。/ 值日同学高兴地谢谢融融。

社交能力培养第四个方面：使用适当的言辞（说什么）和语气（怎么说）

融融把纸团扔到垃圾桶外面，他看见值日同学在捡纸团，他该怎么说？

A. “谢谢！” B. “对不起！给你添麻烦了！”

C. “哈哈！你很勤劳啊！” D. “是我扔的，我来捡！”

融融该用什么语气说话？

A. 命令 B. 抱歉 C. 诚恳 D. 骄傲

品格培养

顾及他人。顾及他人包括不给别人添麻烦，也不要影响大家共享的空间，如保持整洁、安静。

融融

融融

故事 49 用力推开同学

语言能力培养第一步：回答 WH 问题（前 6 个问题见图 1，第 7 个问题见图 2）

1. 图片里有哪些人?

图片里有______。

2. 他们在哪里?

走廊 / 教室 / 操场 / 学校门口；他们在______。

3. 现在是什么时间？

早操时间 / 课间休息 / 放学时间 / 午饭时间；现在是______。

4. 同学们在做什么？

做操 / 排队 / 写作业 / 放学回家；同学们在______。

5. 融融站在队伍的什么位置?

队头 / 队尾 / 队伍中间 / 队伍外面；融融站在______。

6. 壮壮在做什么?

打融融 / 推融融 / 拉融融的手 / 帮融融背包；壮壮在______。

7. 融融做了什么?

轻轻推开壮壮 / 用力推开壮壮 / 紧紧拉着壮壮 / 轻轻拉着壮壮；融融______。

语言能力培养第二步：事件叙述

请用自己的话描述图片。

提示：图片里有融融和同学们。他们在操场上。现在是早操时间，同学们在排队，融融站在队伍外面。壮壮拉融融的手让他去排队，融融用力推开壮壮。

社交能力培养第一个方面：察言观色和换位思考——理解表情、动作、感受、想法（见图 2）

提问句式：xx 的肢体语言是怎样的？ xx 的面部表情是怎样的？ xx 有怎样的感受? xx 是怎样想的?

融融
肢体语言：上身前倾 / 后仰；双手伸出 / 放在身侧
面部表情：眼睛睁大 / 眯起；眉头舒展 / 皱起
情绪感受：生气 / 感激
内心想法：A. 谢谢壮壮过来拉我！
B. 不要你拉！我自己会走！
C. 壮壮拉着我，我走路都不方便！
D. 壮壮不知道我不想被拉着走，我要向他解释一下。

壮壮
肢体语言：身体向一侧倾斜 / 直立
面部表情：眼睛睁大 / 眯起；眉头舒展 / 皱起；嘴巴张大 / 闭起
情绪感受：奇怪 / 平静；生气 / 开心
内心想法：A. 你走得太慢了！
B. 我好心过来拉你，你怎么还推开我！
C. 都怪我！融融其实不需要我帮忙！
D. 融融太没礼貌了！

社交能力培养第二个方面：解决问题

图片呈现的主要问题是什么?

A. 融融走得太慢了　　B. 壮壮拉融融的手
C. 融融讨厌壮壮　　D. 融融不做任何解释就用力推开壮壮

融融不想要壮壮拉着他的手，他应该怎么办?

A. 用力推开壮壮　　B. 轻轻推开壮壮
C. 谢谢壮壮　　D. 谢谢壮壮，然后解释不想拉手的原因

还有什么时候我们可能会拒绝别人的好意?

提示：可以结合孩子的经历给予提示。

社交能力培养第三个方面：推测结果

壮壮拉融融的手让他去排队，融融什么都不说，用力推开他，结果怎样?

壮壮很生气，再也不主动帮融融了。/ 壮壮表示理解，两人高兴地回到队伍中。

壮壮拉融融的手让他去排队，融融向壮壮解释不想要拉手的原因，结果怎样?

壮壮很生气，再也不帮融融了。/ 壮壮表示理解，两人高兴地回到队伍中。

社交能力培养第四个方面：使用适当的言辞（说什么）和语气（怎么说）

壮壮拉融融的手让他去排队，融融向壮壮解释不想要拉手的原因，他该怎么说?

A.“谢谢！”　　B.“对不起！给你添麻烦了！”
C.“谢谢你，可是你拉着我，我反而走不快了。”　　D.“我自己能走！”

融融该用什么语气说话?

A. 责备　　B. 感激　　C. 抱歉　　D. 平静

品格培养

尊重他人，用语言解释情况。尊重他人包括向对方解释自己的处境和想法。当别人出于好意却给我们带来麻烦或不便时，我们要首先感谢他们的好意，然后解释我们的处境和需求。

融融
壮壮
融融，
过来排队。

融融
壮壮

融融
壮壮

故事 50 不停地问别人的分数

语言能力培养第一步：回答 WH 问题

❶ 图片里有哪些人？

图片里有______。

❷ 他们在哪里？

走廊 / 教室 / 操场 / 学校门口；他们在______。

❸ 壮壮做了什么？

看融融的考卷 / 把考卷塞进书包 / 仔细分析考卷 / 把考卷给融融看；壮壮______。

❹ 融融问壮壮什么？

"这道题怎么做？" / "你考了多少分？" / "你为啥把考卷藏起来？" / "你想知道我考了多少分吗？"融融问壮壮______。

❺ 壮壮有什么反应？

告诉融融他考得很好 / 告诉融融他考得不好 / 不说话离开 / 羞红了脸；壮壮______。

语言能力培养第二步：叙述事件

请用自己的话描述图片。

提示：图片里有融融、壮壮和其他同学。他们在教室里。壮壮把考卷塞进了书包。融融问壮壮："你考了多少分？"壮壮羞红了脸。

社交能力培养第一个方面：察言观色和换位思考——理解表情、动作、感受、想法

提问句式：xx 的肢体语言是怎样的？ xx 的面部表情是怎样的？ xx 有怎样的感受？ xx 是怎样想的？

融融

肢体语言：伸手拿壮壮的卷子 / 手托腮；身体向壮壮倾斜 / 身体坐直

面部表情：看壮壮 / 看考卷；咧嘴笑 / 抿嘴不笑

情绪感受：好奇 / 平静；得意 / 担心

内心想法：A. 我好想知道壮壮考了多少分！

B. 壮壮肯定没考好，我要确定他没考好！

C. 壮壮肯定没考好，我不应该问他考了多少分！

D. 壮壮为啥不告诉我分数？

壮壮

肢体语言：身体僵硬 / 放松；双手放桌下 / 双手放桌上

面部表情：眉头皱起 / 舒展；看前方 / 斜眼看融融；脸红 / 脸白

情绪感受：尴尬 / 自豪

内心想法：A. 融融好烦，哪壶不开提哪壶！

B. 融融怎么问个没完！没看出来我不想说吗！

C. 融融能不能偷偷问我，别人都听见了！

D. 融融真关心我！

社交能力培养第二个方面：解决问题

图片呈现的主要问题是什么？

A. 壮壮没考好　　B. 融融问壮壮考多少分

C. 融融不顾壮壮的感受问个没完　　D. 壮壮不肯告诉融融自己的分数

融融问壮壮考分，壮壮不说话，融融应该怎么办？

A. 不停地问，直到壮壮告诉他　　B. 不问了

C. 告诉壮壮自己也没考好　　D. 问别的同学

还有什么时候别人可能不想回答我们的问题？

提示：可以结合孩子的经历给予提示。

社交能力培养第三个方面：推测结果

融融问壮壮考分，壮壮不说话，融融继续问，结果怎样？

壮壮羞红了脸。/ 壮壮告诉融融他的分数。

融融问壮壮考分，壮壮不说话，融融就不问了，结果怎样？

壮壮羞红了脸。/ 什么事都没发生。

社交能力培养第四个方面：使用适当的言辞（说什么）和语气（怎么说）

融融问壮壮考分，壮壮不说话，融融该说什么？

A. "不说就不说！"

B. "对不起！我不问了！"

C. "你肯定没考好！"

D. "我先告诉你我的分数吧，你要是比我的好就告诉我！"

融融该用什么语气说话？

A. 嘲笑　　B. 命令　　C. 诚恳　　D. 平静

品格培养

❶ **尊重他人，给他人空间。**尊重他人包括让对方在不高兴的时候能够安静独处。当别人不高兴的时候，追问他们不想回答的问题会使他们更加烦躁，这个时候让他们自己待一会儿可能对他们更好。

❷ **不要哪壶不开提哪壶。**知道别人没考好还问别人的考分是哪壶不开提哪壶，故意戳别人的痛处是不友好的表现。

壮壮
壮壮，你考了多少分？
别藏起来啊！拿来看看嘛！
融融

壮壮
融融

故事 51 我好无聊啊

语言能力培养第一步：回答 WH 问题

1. 图片里有哪些人？

图片里有______。

2. 他们在哪里？

走廊 / 教室 / 操场 / 学校门口；他们在______。

3. 他们在做什么？

上数学课 / 排队上体育课 / 等着放学回家 / 排队买饭；他们在______。

4. 融融在做什么？

唱歌 / 大叫 / 扭来扭去并拉前面同学的衣服 / 和同学说话；融融在______。

5. 别的同学在做什么？

互相说话 / 打打闹闹 / 自言自语 / 什么都没做；别的同学在______。

语言能力培养第二步：叙述事件

请用自己的话描述图片。

提示：图片里有融融和同学们。他们在操场上。他们在排队上体育课。融融在扭来扭去并拉前面同学的衣服。别的同学什么都没做。

社交能力培养第一个方面：察言观色和换位思考——理解表情、动作、感受、想法

提问句式：xx 的肢体语言是怎样的？ xx 的面部表情是怎样的？ xx 有怎样的感受？xx 是怎样想的？

融融

肢体语言：站直 / 扭来扭去；手放身侧 / 手拉别人的衣服

情绪感受：无聊 / 平静

内心想法：A. 好无聊啊！

B. 还要等多久呢？

C. 拉衣服真好玩！

D. 我要像别的同学一样安静地等着。

前面的同学

肢体语言：站直 / 扭来扭去；手拉别人的衣服 / 手放身侧

面部表情：眉头舒展 / 皱起；斜眼看融融 / 眼睛直视前方

情绪感受：生气 / 开心

内心想法：A. 融融好烦！

B. 不许拉我的衣服！讨厌！

C. 还要排多久？

D. 我要耐心等着！

社交能力培养第二个方面：解决问题

图片呈现的主要问题是什么？

A. 排队时间太长　　B. 融融感到无聊

C. 融融不能安静等候　　D. 同学不和融融玩

在体育课上排队，融融感到无聊，他应该怎么办？

A. 拉同学衣服　　B. 自己找事做

C. 安静排队　　D. 想心事

无聊的时候我们还能做什么？

提示：可以结合孩子的经历给予提示。

社交能力培养第三个方面：推测结果

融融感觉无聊，就去拉同学的衣服，结果怎样？

同学觉得融融很讨厌，不理他。/ 同学和融融一起玩。

融融感到无聊，但是他安静地等着，结果怎样？

同学觉得融融很讨厌，不理他。/ 什么事都没发生。

社交能力培养第四个方面：使用适当的言辞（说什么）和语气（怎么说）

融融觉得排队无聊，融融该说什么？

A. 什么都不说　　B. 小声地自言自语

C. "咱们聊会儿天吧！"　　D. "我好无聊啊！"

品格培养

尊重他人，耐心等待。在生活中，我们有很多时候需要等待，如排队等出租车、在餐馆等上菜。等待的时候要有耐心，要保持安静，这是尊重别人的表现，如果在等待的时候你表现得烦躁不安，别人也会受到影响。当你无聊的时候，可以找一些可以做的事情来做，如想心事、默背课文。

融融

融融

故事 52　不要扔我的东西

语言能力培养第一步：回答 WH 问题（前 4 个问题见图 1，第 5 个问题见图 2）

❶ 图片里有哪些人？

图片里有______。

❷ 他们在哪里？

走廊 / 教室 / 操场 / 学校门口；他们在______。

❸ 同学们在做什么？

扔纸团 / 扔融融的笔 / 扔浩子的笔 / 扔作业；同学们在______。

❹ 融融在做什么？

抢笔 / 批评浩子 / 告诉老师 / 扔笔；融融在______。

❺ 融融抢不到笔，做了什么？

告诉老师 / 告诉妈妈 / 告诉小美 / 趴在地上哭；融融在______。

语言能力培养第二步：叙述事件

请用自己的话描述图片。

提示：图片里有融融、阿松和浩子。他们在教室里。同学们在扔融融的笔，融融在抢笔。融融抢不到笔，趴在地上哭。

社交能力培养第一个方面：察言观色和换位思考——理解表情、动作、感受、想法（见图 2）

提问句式：xx 的肢体语言是怎样的？ xx 的面部表情是怎样的？ xx 有怎样的感受？ xx 是怎样想的？

融融
肢体语言：站着 / 趴在地上；双手握拳 / 张开；举着手 / 用拳头砸地
面部表情：大哭 / 大笑
情绪感受：生气 / 开心；沮丧 / 平静
内心想法：A. 我抢不回笔，气死我了！
B. 我要去告诉老师！
C. 他们就会捉弄我！
D. 我要找小美帮忙！

浩子
肢体语言：站着 / 坐着；身体前倾 / 后仰
面部表情：张嘴 / 闭嘴；微笑 / 大哭
情绪感受：好笑 / 抱歉
内心想法：A. 哈哈，扔笔真好玩！
B. 融融动不动就哭鼻子，真好玩！
C. 我要把笔还给融融！
D. 我就要看融融抢不到笔会做什么。

社交能力培养第二个方面：解决问题

图片呈现的主要问题是什么？

A. 大家都喜欢融融的笔　　B. 融融舍不得把笔借给别人

C. 同学们捉弄融融　　D. 融融被捉弄了不知道怎么办

同学们把融融的笔扔来扔去，他应该怎么办？

A. 倒地大哭　　B. 严肃警告　　C. 不理他们　　D. 告诉老师

你有被别人捉弄的时候吗？被人捉弄的时候我们应该做什么？

提示：可以结合孩子的经历给予提示。

社交能力培养第三个方面：推测结果

同学们把融融的笔扔来扔去，融融抢不到就趴在地上哭，结果怎样？

同学们扔得更起劲了。/ 同学们把笔还给了融融。

同学们把融融的笔扔来扔去，融融抢不到就去告诉老师，结果怎样？

同学们扔得更起劲了。/ 同学们把笔还给了融融。

社交能力培养第四个方面：使用适当的言辞（说什么）和语气（怎么说）

同学们把融融的笔扔来扔去，融融抢不到，他该说什么？

A. 什么都不说，不理他们

B. “你们再不还给我，我就去告诉老师！”

C. “扔坏了，你们就得赔我！”

D. 哭着说：“还我笔！”

融融该用什么语气说话？

A. 严肃　　B. 平静　　C. 骄傲　　D. 恳求

品格培养

懂得有尊严地保护自己。抢不回笔就倒地大哭，别人也许会把笔还给你，但是以后很可能更喜欢捉弄你。被别人欺负时，不理他们，或者严肃地告诉他们不能欺负你，这样的办法更有尊严，更有效。如果他们不听，可以去寻求老师或家长的帮助。

阿松
哈哈！
你来抢啊！
还给我！
还给我！
融融
浩子

阿松
浩子
融融

阿松
融融
浩子

故事 53 摸同学的发绳

语言能力培养第一步：回答 WH 问题

❶ 图片里有哪些人？

图片里有______。

❷ 他们在哪里？

走廊 / 教室 / 操场 / 学校门口；他们在______。

❸ 融融在做什么？

摸小美的头发 / 摸小美的衣服 / 摸小美的发绳 / 摸小美的鼻子；融融在______。

❹ 小美说了什么？

“我的发绳好看吧！” / “融融，你的帽子也很好看啊！” / “别碰我！” / “早上好！” 小美说______。

语言能力培养第二步：叙述事件

请用自己的话描述图片。

提示：图片里有融融、小美和其他同学。他们在操场上。融融在摸小美的蝴蝶结发绳，小美说：“别碰我！”

社交能力培养第一个方面：察言观色和换位思考——理解表情、动作、感受、想法

提问句式：xx 的肢体语言是怎样的？xx 的面部表情是怎样的？xx 有怎样的感受？xx 是怎样想的？

融融

肢体语言：用手摸蝴蝶结发绳 / 手放身侧

面部表情：看蝴蝶结 / 看小美

情绪感受：好奇 / 得意

内心想法：A. 这个蝴蝶结好漂亮啊！

B. 我喜欢小美。

C. 只看看，不摸！

D. 我就是想摸一下这个蝴蝶结！

小美

肢体语言：回头 / 没有回头

面部表情：斜眼看融融 / 看旁边的女同学；眉头皱起 / 舒展；眼睛睁大 / 眯起

情绪感受：生气 / 开心；惊讶 / 平静

内心想法：A. 干吗离我这么近！

B. 干吗说话这么大声！

C. 融融一定是喜欢我！

D. 不许碰我的东西！

社交能力培养第二个方面：解决问题

图片呈现的主要问题是什么？

A. 融融离小美太近　　B. 融融随便摸小美的东西

C. 融融讲话太大声　　D. 小美太小气

融融很想摸小美的蝴蝶结，他应该怎么办？

A. 直接摸　　B. 抢过来

C. 问小美能否摸　　D. 让妈妈给他买一个

生活中你会经常遇到类似的事吗？可以举例吗？

提示：可以结合孩子的经历给予提示。

社交能力培养第三个方面：推测结果

融融很想摸小美的蝴蝶结，他直接伸手去摸，结果怎样？

小美很生气，讨厌他。/ 小美觉得融融很有礼貌，把蝴蝶结发绳拿下来给融融看。

融融很想摸小美的蝴蝶结，他问小美能不能摸一下她的蝴蝶结，结果怎样？

小美很生气，讨厌他。/ 小美觉得融融很有礼貌，把蝴蝶结发绳拿下来给融融看。

社交能力培养第四个方面：使用适当的言辞（说什么）和语气（怎么说）

融融很想摸小美的蝴蝶结，他问小美能不能摸一下她的蝴蝶结，他该说什么？

A. 什么都不说，直接摸

B. “让我摸一下你的蝴蝶结！”

C. “小美，你的蝴蝶结好漂亮啊！我能摸一下吗？”

D. “我也想要一个这样的蝴蝶结！”

融融该用什么语气说话？

A. 命令　　B. 诚恳　　C. 生气　　D. 询问

品格培养

尊重别人的物品。尊重别人包括尊重别人的物品，不能不经允许碰别人的东西。

别碰我！
小美
融融

小美
融融

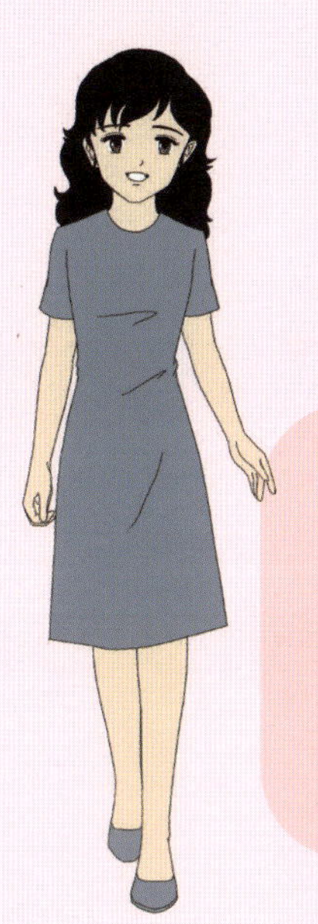

社区

故事 54 倒在地上大哭

语言能力培养第一步：回答 WH 问题

❶ 图片里有哪些人？

图片里有______。

❷ 他们在哪里？

咖啡馆 / 自助餐馆 / 厨房 / 客厅；他们在______。

❸ 陌生叔叔的盘子里有什么？

青菜 / 鱼 / 虾 / 鸡腿；陌生叔叔的盘子里有______。

❹ 中间的空盘子原来装的是什么？

青菜 / 鱼 / 鸡腿 / 虾；中间的空盘子原来装的是______。

❺ 融融在做什么？

躺在地上大哭 / 扔东西 / 大笑 / 取餐；融融在______。

❻ 融融为什么哭？

肚子饿了 / 妈妈没给买喜欢的糖 / 没有鸡腿吃了 / 头痛；因为他______。

语言能力培养第二步：叙述事件

请用自己的话描述图片。

提示：图片里有融融、爸爸、妈妈、陌生叔叔和服务员。他们在自助餐馆里。陌生叔叔的盘子里有鸡腿。中间的空盘子原来装的是鸡腿。融融躺在地上大哭，因为没有鸡腿吃了。

社交能力培养第一个方面：察言观色和换位思考——理解表情、动作、感受、想法

提问句式：xx 的肢体语言是怎样的？ xx 的面部表情是怎样的？ xx 有怎样的感受？ xx 是怎样想的？

融融

肢体语言：站着 / 躺着；双手握拳 / 张开；乱蹬乱踢 / 平放双脚

面部表情：嘴巴张大 / 闭起；眉头皱起 / 舒展；眼睛睁大 / 闭起；大笑 / 大哭

情绪感受：生气 / 开心；沮丧 / 平静

内心想法：A. 我大哭大闹一场，就能有鸡腿吃了！

B. 鸡腿没了！我要鸡腿！

C. 没关系，一会儿还会有的！

D. 大家都看着我，好难为情啊！

爸爸

肢体语言：一手扶额，另一手放在身侧 / 双手放身侧；头低下 / 抬起

面部表情：嘴巴张开 / 闭起；眉头皱起 / 舒展；看融融 / 看旁边

情绪感受：自豪 / 尴尬

内心想法：A. 他太丢我的脸了！ B. 他好可怜啊！

C. 融融就应该这样做！ D. 我赶紧给他找鸡腿去！

叔叔

肢体语言：一手前伸，另一手端盘 / 双手端盘；面对融融 / 背对融融

面部表情：嘴巴张开 / 闭起；眉头皱起 / 舒展；看融融 / 看旁边

情绪感受：吃惊 / 平静；尴尬 / 自豪

内心想法：A. 这孩子真可爱！

B. 哎呀，这个小孩干吗一点点小事发这么大脾气！

C. 我真不该拿最后一个鸡腿！

D. 这个小孩真可怕！

社交能力培养第二个方面：解决问题

图片呈现的主要问题是什么？

A. 融融躺地上 B. 融融在公共场合大发脾气

C. 融融没鸡腿吃 D. 爸爸妈妈觉得丢脸

如果你想要的东西没有了，该怎么办？

A. 大叫，发脾气

B. 大笑，甩手，发出各种声音让自己感觉好一点

C. 告诉爸妈或者能提供帮助的人，如服务员，请他们帮忙去找你想要的东西来

D. 告诉自己还有很多别的好的选择

没有吃到鸡腿这样的事情有多严重？

A. 根本不是事 B. 是件小事

C. 是件比较大的事 D. 是件很大的事

生活中你会经常遇到类似的事吗？可以举例吗？

提示：可以结合孩子的经历给予提示。

社交能力培养第三个方面：推测结果

融融没拿到鸡腿，就倒地大哭，结果会怎样？

爸爸妈妈很尴尬，下次不想带他来吃自助餐了。/ 爸爸妈妈很高兴，下次还想带他来吃自助餐。

融融没吃到鸡腿，就去吃别的菜，结果会怎样？

爸爸妈妈很尴尬，下次不想带他来吃自助餐了。/ 他吃到了别的好吃的东西，爸爸妈妈很高兴，下次还想带他来吃自助餐。

社交能力培养第四个方面：使用适当的言辞（说什么）和语气（怎么说）

融融没拿到鸡腿，他该怎么说来请求帮助？

A.“妈妈，没鸡腿了！”

B.“服务员，你没看到没有鸡腿了吗！”

C.“服务员，请问还有鸡腿吗？”

D.“气死我了！”

该用什么语气请求帮助？

A. 生气　　B. 高兴

C. 询问　　D. 平静

品格培养

保持平静。保持平静的方法之一是评估问题的大小。例如，想一想吃不到鸡腿这个问题很难解决吗？如果无法解决，可以向大人求助。当我们发现这个问题很容易解决时，就能保持平静了。

故事 55 用水枪打陌生人

语言能力培养第一步：回答 WH 问题

❶ 图片里主要有哪些人？

图片里主要有______。

❷ 他们在哪里？

操场 / 小区游泳池 / 大海 / 水族馆；他们在______。

❸ 融融在做什么？

游泳 / 扔东西 / 大哭 / 用水枪打人；融融在______。

❹ 陌生男孩在做什么？

和融融一起玩 / 和融融打架 / 躲避融融 / 骂融融；他在______。

❺ 融融为什么用水枪打陌生男孩？

他不小心打的 / 他想和小男孩一起玩 / 他讨厌小男孩 / 他喜欢小男孩；因为他______。

❻ 陌生男孩为什么要骂融融？

他不喜欢融融 / 他不喜欢陌生人这样对他 / 他喜欢骂人 / 他喜欢玩躲猫猫；因为他______。

语言能力培养第二步：叙述事件

请用自己的话描述图片。

提示：图片里主要有融融和一个他不认识的小男孩。他们在小区游泳池里。融融用水枪打小男孩，因为他想和小男孩一起玩。小男孩在骂融融，因为他不喜欢陌生人这样对他。

社交能力培养第一个方面：察言观色和换位思考——理解表情、动作、感受、想法

提问句式：xx 的肢体语言是怎样的？ xx 的面部表情是怎样的？ xx 有怎样的感受？ xx 是怎样想的？

融融

肢体语言：双手拿水枪 / 双手抛球；面对小男孩 / 背对小男孩

面部表情：嘴巴张大 / 闭起；眼睛睁大 / 眯起；大笑 / 大哭

情绪感受：生气 / 开心

内心想法：A. 我是不小心打到他的！

B. 我先用水枪打他，他就会和我玩了！

C. 这个目标不错！真好玩！

D. 我要好好教训他一顿！

陌生男孩

肢体语言：双手挡水 / 双手接球；身体前倾 / 后仰

面部表情：眉头皱起 / 舒展；嘴巴张开 / 闭起

情绪感受：生气 / 开心

内心想法：A. 水枪好好玩！我要和他一起玩！

B. 我不喜欢他打我！我要骂他，这样他就不会烦我了。

C. 我又不认识他，他干吗要打我！

D. 他是不小心打到我的！

社交能力培养第二个方面：解决问题

图片呈现的主要问题是什么？

A. 融融和不认识的小男孩玩　B. 融融用水枪打一个不认识的小男孩

C. 小男孩不陪融融玩　D. 小男孩骂融融

如果你想和人家玩，但是人家不理你，你该怎么办？

A. 大叫，发脾气

B. 大笑，甩手，发出各种声音让自己感觉好一点

C. 告诉大人那个小孩不跟自己玩

D. 告诉自己没有关系，这很正常，然后自己玩，或者找别人玩

生活中你会经常遇到类似的事吗？可以举例吗？

提示：可以结合孩子的经历给予提示。

社交能力培养第三个方面：推测结果

融融想和别人玩，就直接用水枪打别人，结果怎样？

别人生气地骂他。/ 别人高兴地和他玩。

融融想和别人玩，他先友好地看着别人，结果怎样？

别人生气地骂他。/ 别人觉得融融很友好，如果融融邀请他一起玩的话，他很有可能接受邀请。

社交能力培养第四个方面：使用适当的言辞（说什么）和语气（怎么说）

请陌生人一起玩，该怎么说？

A.“你好！请问我可以和你一起玩吗？”　B.“嘿，要一起玩吗？”

C.“看你往哪儿逃！”　D.“看枪！”

用什么语气请陌生人一起玩？

A. 生气　B. 命令　C. 询问　D. 平静

品格培养

尊重别人，征求意见。想和别人共同做一件事时要先征求别人的意见，要做别人也愿意做的事情，不能强迫别人做自己想做的事。

可恶！
融融
陌生男孩

陌生男孩
融融

故事 56 我要你的风扇

语言能力培养第一步：回答 WH 问题

❶ 图片里有哪些人？

图片里有______。

❷ 他们在哪里？

地铁 / 公交车 / 飞机 / 校车；他们有______。

❸ 陌生女孩手上有什么？

乐高玩具车 / 车票 / 零食 / 风扇；她手上有______。

❹ 融融在做什么？

安静坐车 / 扔东西 / 一边叫着“风扇！风扇！”一边伸手去拿 / 大笑；融融在______。

❺ 融融为什么一直叫着“风扇！”？

他讨厌风扇 / 他怕小女孩弄坏风扇 / 他想玩风扇 / 他想问关于风扇的问题；因为融融______。

❻ 陌生女孩为什么藏风扇？

不喜欢风扇 / 不想给融融 / 故意逗融融 / 不需要风扇了；因为她______。

语言能力培养第二步：叙述事件

请用自己的话描述图片。

提示：图片里有融融、融融的妈妈和一个不认识的小女孩。他们在公交车上。小女孩手上有个风扇。融融一边叫着“风扇！风扇！”一边伸手去拿，因为他想玩那个风扇。小女孩把风扇藏起来，因为她不想给他。

社交能力培养第一个方面：察言观色和换位思考——理解表情、动作、感受、想法

提问句式：xx 的肢体语言是怎样的？xx 的面部表情是怎样的？xx 有怎样的感受？xx 是怎样想的？

融融

肢体语言：面对小女孩 / 背对小女孩；身体前倾 / 坐直；一手前伸，另一手扶栏杆 / 双手放腿上

面部表情：眼睛盯着风扇 / 盯着地面；嘴巴张大 / 闭起

情绪感受：渴望 / 厌倦

内心想法：A. 我想要那个风扇！

B. 那个风扇真好玩！

C. 我怕那个风扇！

D. 我只是想再看一眼！

陌生女孩

肢体语言：身体向后蜷缩 / 坐直；将风扇藏到怀里 / 放在腿上

面部表情：嘴巴噘起 / 张开；眼睛睁大 / 紧闭；眉头舒展 / 皱起

情绪感受：生气 / 开心

内心想法：A. 这个小朋友很有意思！

B. 小朋友，请别再叫了，我都不好意思了！

C. 我不想让他碰我的风扇，他会弄坏的！

D. 这个小朋友怪怪的！

社交能力培养第二个方面：解决问题

图片呈现的主要问题是什么？

A. 小女孩不肯把风扇给融融

B. 融融反复叫着“风扇！”

C. 融融不知道怎么表达他想玩风扇

D. 小女孩不知道融融要什么

融融想玩小女孩手上的风扇，小女孩却把风扇藏了起来，融融该怎么办？

A. 不停地说“风扇！风扇！”

B. 悄悄地告诉妈妈他心里的想法

C. 和妈妈说些别的事或者玩些别的玩具

D. 什么话都不说，保持安静

生活中你会经常遇到类似的事吗？可以举例吗？

提示：可以结合孩子的经历给予提示。

社交能力培养第三个方面：推测结果

融融想要风扇，但是不知道说什么，他就反复叫着“风扇！风扇！”结果怎样？

小女孩觉得他怪怪的，不敢靠近他。/ 小女孩高兴地把风扇给他玩。

融融想要风扇，但是不知道说什么，他就悄悄地和妈妈说“风扇！”结果怎样？

妈妈明白他想要风扇，向他解释风扇是别人的，不能拿。/ 妈妈不理他。

社交能力培养第四个方面：使用适当的言辞（说什么）和语气（怎么说）

融融想玩风扇，他可以说什么？

A. “风扇！风扇！风扇！”

B. “我可以看看你的风扇吗？”

C. “你的风扇很好玩！”

D. “风扇借我玩一下！”

融融可以用什么语气和小女孩说话？

A. 友好　　B. 命令

C. 询问　　D. 平静

品格培养

❶ **尊重别人的东西。**尊重别人的东西包括不轻易向对方要东西，因为向别人要东西会让他们感到很为难，他们心里会担心我们弄坏或不归还他们的东西。所以没有特殊情况，我们不要跟别人要他们的东西。

❷ **分辨对错，知错就改。**当别人告诉我们不要做一件事，我们也意识到自己不该这样的时候，要马上停下来，说对不起。别人会理解并很高兴。坚持做错的事不能挽回我们的面子，反而会使别人觉得我们很怪、很讨厌。我们要学会分辨对错，知错就改。

故事 57 笑话一个胖叔叔

语言能力培养第一步：回答 WH 问题

❶ 图片里有哪些人？

图片里有______。

❷ 他们在哪里？

公园 / 公交车站 / 停车场 / 学校；他们在______。

❸ 融融在做什么？

坐车 / 什么也没做 / 笑话一个叔叔 / 大哭；融融在______。

❹ 那个叔叔为什么脸红了？

他很热 / 他在想心事 / 他感到不好意思 / 他觉得融融很有趣；因为他______。

语言能力培养第二步：叙述事件

请用自己的话描述图片。

提示：图片里有融融、妈妈和一个不认识的叔叔。他们在公交车站。融融在笑话一个叔叔。那个叔叔脸红了，因为他感到不好意思。

社交能力培养第一个方面：察言观色和换位思考——理解表情、动作、感受、想法

提问句式：xx 的肢体语言是怎样的？ xx 的面部表情是怎样的？ xx 有怎样的感受？ xx 是怎样想的？

融融

肢体语言：一手拉妈妈裙角，另一手指着胖叔叔 / 双手放身侧

面部表情：嘴角向上 / 向下；眉毛挑起 / 眉头舒展

情绪感受：好笑 / 平静

内心想法：A. 那个叔叔好胖啊！

B. 那个叔叔好胖，我要让妈妈看！

C. 我怕那个胖叔叔！

D. 那个叔叔好可怜！

陌生叔叔

面部表情：嘴角向上 / 向下；斜眼看融融 / 不看融融；脸红 / 脸白

情绪感受：平静 / 尴尬；生气 / 开心

内心想法：A. 这个小朋友很可爱！

B. 这个小朋友说得我都不好意思了！

C. 这里有地洞吗？我要钻下去！

D. 这个小朋友真没礼貌！

社交能力培养第二个方面：解决问题

图片呈现的主要问题是什么？

A. 融融大声说别人胖　　B. 融融说话太大声

C. 融融悄悄地告诉妈妈别人胖　　D. 那个叔叔太胖了

融融看到一个很胖的叔叔，他该怎么办？

A. 什么都不说

B. 马上大声让妈妈看那个胖叔叔

C. 马上小声让妈妈看那个胖叔叔

D. 跑去告诉叔叔他太胖了

生活中你会经常遇到类似的事吗？可以举例吗？

提示：可以结合孩子的经历给予提示。

社交能力培养第三个方面：推测结果

融融看到叔叔很胖，他想也不想就说出自己的感受，结果怎样？

叔叔很不好意思。/ 叔叔觉得他很可爱。

融融看到叔叔很胖，他想了想，觉得这是不好的事情，决定什么也不说，结果怎样？

叔叔很不好意思。/ 什么事都没发生。

社交能力培养第四个方面：使用适当的言辞（说什么）和语气（怎么说）

融融想告诉妈妈那个叔叔很胖，他可以说什么？

A. 小声说："妈妈，看那个叔叔！"

B. 大声说："妈妈，看那个叔叔！"

C. 什么也不说

D. 回家后再告诉妈妈："今天我在公交车站见到一个很胖的叔叔。"

如果融融小声地告诉妈妈，他该用什么样的语气？

A. 故作神秘　　B. 轻蔑　　C. 责备　　D. 轻快

品格培养

❶ **己所不欲，勿施于人。**你不喜欢别人笑话你，你也不可以笑话别人！

❷ **体谅别人。**叔叔的胖可能是遗传的，可能他减肥很多年都不成功，可能很多人都笑话过他，他已经很辛苦了，我们应该体谅他。

❸ **鼓励别人，不说负面的话。**说别人胖会让别人不高兴，是负面的话，所以我们不要说负面的话，要多说鼓励别人的话。

妈妈，那个叔叔
好胖啊！
妈妈
融融
陌生叔叔

妈妈
融融
陌生叔叔

故事 58 拿陌生人的东西吃

语言能力培养第一步：回答 WH 问题

❶ 图片里有哪些人？

图片里有______。

❷ 他们在哪里？

学校食堂 / 快餐店 / 厨房 / 图书馆；他们在______。

❸ 融融在做什么？

吃自己的薯条 / 吃妹妹的薯条 / 伸手拿陌生阿姨的薯条 / 和妹妹聊天；融融在______。

语言能力培养第二步：叙述事件

请用自己的话描述图片。

提示：图片里有融融、妹妹和一个陌生阿姨。他们在快餐店里。融融伸手拿隔壁桌上陌生阿姨的薯条。

社交能力培养第一个方面：察言观色和换位思考——理解表情、动作、感受、想法

提问句式：xx 的肢体语言是怎样的？ xx 的面部表情是怎样的？ xx 有怎样的感受？ xx 是怎样想的？

融融

肢体语言：伸手拿薯条 / 趴在桌边

面部表情：看薯条 / 看妹妹

情绪感受：无所谓 / 担心

内心想法：A. 她反正不吃，我替她吃！别浪费了！

B. 我不能随便吃别人的东西！

C. 我只吃一口，没关系的！

D. 我马上就有新鲜的热薯条吃了！

陌生阿姨

肢体语言：身体后仰 / 前倾

面部表情：嘴巴张大 / 闭起；眼睛睁大 / 紧闭；眉头舒展 / 皱起

情绪感受：吃惊 / 平静；生气 / 开心

内心想法：A. 这个小朋友真可爱！

B. 这个小朋友怎么可以吃我的东西，太没规矩了！

C. 幸亏有这孩子帮我吃，不然就浪费了！

D. 这个小朋友怎么这样怪怪的！

社交能力培养第二个方面：解决问题

图片呈现的主要问题是什么？

A. 融融不可以吃薯条　　B. 融融不经同意吃陌生人的薯条

C. 阿姨太小气　　D. 薯条要被浪费了

融融很饿，看到隔壁桌上有陌生阿姨吃剩的薯条，该怎么办？

A. 什么都不做　　B. 问阿姨他能不能把她剩下的薯条吃掉

C. 直接拿来吃　　D. 让妹妹帮他拿

生活中你会经常遇到类似的事吗？可以举例吗？

提示：可以结合孩子的经历给予提示。

社交能力培养第三个方面：推测结果

融融看到隔壁桌上有陌生阿姨吃剩的薯条，想也不想就拿来吃，结果怎样？

阿姨觉得他很奇怪，也没有教养。/ 阿姨感谢融融帮她吃完了剩下的薯条。

融融看到隔壁桌上有陌生阿姨吃剩的薯条，他想了想，觉得不可以吃，就没动，安静地等爸爸妈妈拿食物来，结果怎样？

阿姨请他吃剩下的薯条。/ 什么事都没发生，过了一小会儿爸爸妈妈回来了，融融吃到了新鲜的热薯条。

社交能力培养第四个方面：使用适当的言辞（说什么）和语气（怎么说）

融融很饿，看到隔壁桌上有陌生阿姨吃剩的薯条，他可以说什么？

A. 什么都不说

B. 在心里告诉自己："等会儿爸爸妈妈就会端来新鲜的热薯条。"

C. "阿姨，我替你吃吧！别浪费了！"

D. "妹妹，你去帮我把隔壁桌上的薯条拿过来！"

融融该用什么语气说话？

A. 命令　　B. 责备　　C. 平静　　D. 抱歉

品格培养

❶ **要有礼貌，不随便拿别人的食物。**你不喜欢别人拿你的东西吃，所以也不要拿别人的东西吃。不随便拿陌生人的东西是礼貌的表现。

❷ **注意卫生。**别人吃过的食物会沾上很多细菌，对我们的身体不好，尤其是陌生人，他们可能是各种传染病的携带者，所以不能吃陌生人吃剩的食物。

融融
妹妹
陌生阿姨

融融
妹妹
陌生阿姨

故事 59 被错怪时不知如何解释

语言能力培养第一步：回答 WH 问题

❶ 图片里主要有哪些人？

图片里主要有______。

❷ 他们在哪里？

图书馆 / 电影院 / 餐馆 / 公交车站；他们在______。

❸ 融融做了什么？

偷钱包 / 抢钱包 / 把钱包还给阿姨 / 买票；融融______。

❹ 那个阿姨为什么骂融融？

她觉得融融很好笑 / 她以为融融偷她的钱包 / 她想把钱包给融融 / 她知道融融帮她捡起钱包；因为______。

语言能力培养第二步：叙述事件

请用自己的话描述图片。

提示：图片里主要有融融和一个陌生阿姨。他们在电影院里。融融把钱包还给了阿姨。阿姨骂融融，因为她以为融融偷她的钱包。

社交能力培养第一个方面：察言观色和换位思考——理解表情、动作、感受、想法

提问句式：xx 的肢体语言是怎样的？ xx 的面部表情是怎样的？ xx 有怎样的感受？ xx 是怎样想的？

融融

肢体语言：一手放身侧，另一手伸向阿姨 / 双手放身侧；面向阿姨 / 背对阿姨

面部表情：嘴角向上 / 向下；看阿姨 / 看地面

情绪感受：委屈 / 得意；着急 / 兴奋

内心想法：A. 她怎么可以冤枉我！

B. 我该怎么解释呢？

C. 我只是想帮忙！

D. 阿姨说得对，是我不好！

阿姨

肢体语言：一手挎包，另一手拿回钱包 / 双手放身侧；面对融融 / 背对融融

面部表情：嘴巴张开 / 闭起；眼睛睁大 / 紧闭；眉头舒展 / 皱起

情绪感受：生气 / 平静

内心想法：A. 这个小朋友很有意思！

B. 这个小孩怎么可以偷我的东西！

C. 这孩子帮我捡了钱包！我错怪他了！

D. 这个小朋友怎么这样怪怪的！

社交能力培养第二个方面：解决问题

图片呈现的主要问题是什么？

A. 融融捡起钱包　　B. 融融偷了钱包

C. 阿姨错怪融融　　D. 融融被错怪时不知如何解释

融融帮阿姨捡起钱包，阿姨反而骂他偷东西，融融该怎么办？

A. 什么都不说，不解释　　B. 问阿姨她怎么知道他偷了

C. 解释自己只是帮她捡钱包　　D. 让妈妈解释

生活中你会经常遇到类似的事吗？可以举例吗？

提示：可以结合孩子的经历给予提示。

社交能力培养第三个方面：推测结果

融融帮阿姨捡起钱包，阿姨反而骂他偷东西，融融什么都不说，结果怎样？

阿姨确信融融偷了钱包，越骂越有理。/ 阿姨认识到自己冤枉了融融，向他赔礼道歉。

融融帮阿姨捡起钱包，阿姨反而骂他偷东西，融融解释只是帮她捡起来，结果怎样？

阿姨确信融融偷了钱包，越骂越有理。/ 阿姨认识到自己冤枉了融融，向他赔礼道歉。

社交能力培养第四个方面：使用适当的言辞（说什么）和语气（怎么说）

融融帮阿姨捡了钱包，阿姨反而骂他偷东西，他可以说什么？

A. “你胡说！”　　B. “我没有！”　　C. “我捡起来的！”　　D. “我是想帮你的！”

融融该用什么语气说话？

A. 责备　　B. 生气　　C. 诚恳　　D. 平静

品格培养

争取得到别人理解，为自己辩护。每个人都会有被冤枉的时候。如果被冤枉的事比较重要，如涉及违法或违背道德的事，我们应该尽力为自己辩护。虽然我们可能很难把事情的前因后果都说清楚，但即使是几个字，也会很有帮助的，如“我是想帮你的！”“我捡起来的！”“我没偷！”

你这小孩怎么随便
拿人家东西！
陌生阿姨
融融

陌生阿姨
融融

故事 60 踩掉了别人的鞋却没道歉

语言能力培养第一步：回答 WH 问题

❶ 图片里主要有哪些人？

图片里主要有______。

❷ 他们在哪里？

餐馆 / 教室 / 地铁 / 公交车；他们在______。

❸ 陌生阿姨在做什么？

系鞋带 / 捡东西 / 抢座位 / 穿鞋子；她在______。

❹ 发生了什么事？

阿姨的鞋坏了 / 融融踩掉了阿姨的鞋 / 阿姨掉了东西 / 阿姨喜欢看融融；______。

语言能力培养第二步：叙述事件

请用自己的话描述图片。

提示：图片里主要有融融和一个陌生的阿姨。他们在地铁里。融融踩掉了阿姨的鞋子，阿姨在穿鞋子。

社交能力培养第一个方面：察言观色和换位思考——理解表情、动作、感受、想法

提问句式：xx 的肢体语言是怎样的？ xx 的面部表情是怎样的？ xx 有怎样的感受？ xx 是怎样想的？

融融

肢体语言：扭头转向阿姨 / 扭头转向别处

面部表情：看别处 / 看阿姨的鞋

情绪感受：无所谓 / 担心

内心想法：A. 啊，我把阿姨的鞋踩掉了，真不好意思！

B. 这阿姨好烦，没事骂人！

C. 我坐哪儿呢？

D. 我不是故意的呀！

阿姨

肢体语言：用手拉融融 / 提鞋；转向融融 / 避开融融

面部表情：看融融 / 看自己的鞋；眉毛皱起 / 舒展

情绪感受：生气 / 平静

内心想法：A. 这小孩好奇怪！

B. 这孩子不是故意的。

C. 这小孩踩掉了我的鞋还不道歉，太没礼貌了！

D. 这小孩是谁呢？

社交能力培养第二个方面：解决问题

图片呈现的主要问题是什么？

A. 融融踩掉了阿姨的鞋　　B. 融融踩掉了阿姨的鞋却没道歉

C. 阿姨骂人　　D. 阿姨小心眼

融融踩掉了阿姨的鞋，他应该怎么办？

A. 不管她　　B. 说对不起

C. 问阿姨他可以做什么　　D. 告诉妈妈

生活中你会经常遇到类似的事吗？可以举例吗？

提示：可以结合孩子的经历给予提示。

社交能力培养第三个方面：推测结果

融融踩掉了阿姨的鞋，却没说对不起，结果怎样？

阿姨很生气，骂融融没礼貌 。/ 阿姨理解融融不是故意的，说没关系。

融融踩掉了阿姨的鞋，连忙说对不起，结果怎样？

阿姨很生气，骂融融没礼貌 。/ 阿姨理解融融不是故意的，说没关系。

社交能力培养第四个方面：使用适当的言辞（说什么）和语气（怎么说）

融融踩掉了阿姨的鞋，他可以说什么？

A. “你干吗瞪着我！”　　B. “对不起！”

C. “您还好吧？”　　D. “是你挡了我的路！”

融融该用什么语气说话？

A. 生气　　B. 高兴　　C. 诚恳　　D. 平静

品格培养

❶ **尊重别人。**尊重别人包括不碰撞别人的衣物，如鞋子、包。如果不小心碰到，我们都需要说对不起。

❷ **即使对方态度不好，我们也要道歉。**当我们冒犯了别人，即使是无意的，对方往往会很生气。对方的怒气也会使我们对他们不满，在这个时候我们会觉得道歉很难。但我们要做对的事（就是道歉），而不是受情绪控制（对他们生气）。

这小朋友踩了我的鞋，
怎么没反应？
陌生阿姨
融融

陌生阿姨
融融

故事 61 给你我吃剩的

语言能力培养第一步：回答 WH 问题

❶ 图片里有哪些人？

图片里有______。

❷ 他们在哪里？

公园 / 操场 / 餐馆 / 厨房；他们在______。

❸ 融融右手拿的是什么？

豆奶 / 薯片 / 面包 / 冰激凌；融融右手拿的是______。

❹ 融融在做什么？

抢元元的豆奶 / 给元元一罐新的豆奶 / 把自己喝过的豆奶给元元 / 假装要把喝过的豆奶给元元；融融在______。

语言能力培养第二步：叙述事件

请用自己的话描述图片。

提示：图片里有融融、融融妈妈、融融妹妹和元元。他们在公园里。融融右手拿的是豆奶，他把自己喝过的豆奶给元元。

社交能力培养第一个方面：察言观色和换位思考——理解表情、动作、感受、想法

提问句式：xx 的肢体语言是怎样的？ xx 的面部表情是怎样的？ xx 有怎样的感受？ xx 是怎样想的？

融融

肢体语言：伸手递豆奶 / 拿着豆奶喝

面部表情：皱眉 / 眉头舒展

情绪感受：理所当然 / 兴奋

内心想法：A. 你想喝，就把我的给你吧！

B. 虽然我喝过，但没关系啊，妈妈常喝我喝过的。

C. 我问问妈妈有没有新的豆奶。

D. 嘻嘻，我是逗你玩的！

元元

肢体语言：面对融融 / 背对融融

面部表情：眼睛睁大 / 闭起；眉毛挑起 / 眉头舒展

情绪感受：生气 / 开心；惊讶 / 平静

内心想法：A. 融融真好！

B. 融融不讲卫生，把自己喝过的给我喝！

C. 融融怎么把自己喝过的给我？

D. 是我错了，不该嫌弃融融喝过的东西。

社交能力培养第二个方面：解决问题

图片呈现的主要问题是什么？

A. 融融自己喝豆奶，不给元元　　B. 元元不愿意喝融融喝过的豆奶

C. 融融把自己喝过的豆奶给元元喝　　D. 元元太讲究

元元也想喝豆奶，融融该怎么办？

A. 把自己喝剩的给她　　B. 问妈妈有没有新的豆奶给元元

C. 不理她　　D. 告诉她自己去买

生活中你会经常遇到类似的事吗？可以举例吗？

提示：可以结合孩子的经历给予提示。

社交能力培养第三个方面：推测结果

融融听元元说也想要喝豆奶，就把自己剩下的给她，结果怎样？

元元觉得融融不讲卫生，嫌弃他，还很生气。/ 元元很高兴，接过豆奶并喝完。

融融听元元说也想要喝豆奶，他知道妈妈没有带多的豆奶，就告诉元元没有新的了，结果怎样？

元元说融融小气，不理他。/ 元元说没关系，两个人继续一起玩。

社交能力培养第四个方面：使用适当的言辞（说什么）和语气（怎么说）

融融听元元说也想要喝豆奶，融融知道妈妈没有带多的豆奶，融融可以说什么？

A. “等一下，我去帮你拿。”　　B. “真抱歉，没有新的了。”

C. “你把我喝剩的拿去喝了吧。”　　D. “你自己去买吧。”

融融该用什么语气说话？

A. 平静　　B. 高兴　　C. 诚恳　　D. 生气

品格培养

讲卫生。我们吃过的东西，上面会沾有口水和很多细菌，所以不能把自己吃过的东西给别人吃、把吃剩的食物放回容器中，以及将咬过的食物重新拿去蘸调料。

元元，我的给
你喝吧！
元元
妹妹
妈妈
融融

元元
妹妹
妈妈
融融

故事 62 玩游戏不能输

语言能力培养第一步：回答 WH 问题（前 4 个问题见图 1，第 5 个问题见图 2）

❶ 图片里有哪些人？

图片里有______。

❷ 他们在哪里？

家 / 教室 / 小区运动场 / 公园；他们在______。

❸ 他们在做什么？

打架 / 游泳 / 踢毽子 / 看电影；他们在______。

❹ 谁赢了？

融融 / 壮壮 / 陌生男孩 / 阿松；______赢了。

❺ 融融怎么了？

大笑 / 大闹 / 他困了想睡觉 / 他摔跤了；他______。

语言能力培养第二步：叙述事件

请用自己的话描述图片。

提示：图片里有融融和一个陌生男孩。他们在小区运动场里。他们在踢毽子。小男孩赢了，融融大闹。

社交能力培养第一个方面：察言观色和换位思考——理解表情、动作、感受、想法（见图 2）

提问句式：xx 的肢体语言是怎样的？xx 的面部表情是怎样的？xx 有怎样的感受？xx 是怎样想的？

融融

肢体语言：双手放在身侧 / 双手张开并上举；跺脚 / 双脚平稳站立

面部表情：嘴巴张大 / 闭起；眉头皱起 / 舒展；眼睛睁大 / 闭起

情绪感受：沮丧 / 兴奋；生气 / 盼望

内心想法：A. 我为这个小男孩高兴！ B. 我必须赢！必须是我赢！

C. 我太没面子了！ D. 我还想再玩，太好玩了！

陌生男孩

肢体语言：身体前倾 / 后仰；一手挡在胸前，另一手弯曲 / 双手放在身侧

面部表情：眼睛睁大 / 闭起；眉毛挑起 / 眉头舒展

情绪感受：惊讶 / 得意

内心想法：A. 我赢了！我比你厉害！

B. 他好奇怪啊！

C. 为啥这样大闹？

D. 如果是我，也会大闹！

社交能力培养第二个方面：解决问题

图片呈现的主要问题是什么？

A. 融融和不认识的小孩玩游戏 B. 融融不喜欢玩那个游戏

C. 融融输了就大闹 D. 小男孩赢了就嘲笑融融

生活中你会经常遇到类似的事吗？可以举例吗？

提示：可以结合孩子的经历给予提示。

社交能力培养第三个方面：推测结果

融融玩游戏输了就大闹，结果怎样？

别人觉得他很奇怪。/ 别人都很同情、理解他。

融融输了游戏，高兴地走上去向小男孩祝贺，结果怎样？

别人觉得他很奇怪。/ 别人觉得他很有礼貌。

社交能力培养第四个方面：使用适当的言辞（说什么）和语气（怎么说）

融融玩游戏输了，他该对获胜的小男孩说什么？

A. “哼，没啥了不起！下次我肯定赢！”

B. “你很棒！祝贺你！”

C. “下次再一起玩吧！”

D. “气死我了！”

融融该用什么语气说话？

A. 生气 B. 委屈

C. 诚恳 D. 平静

品格培养

要有运动员精神。运动员精神是指在比赛中顽强拼搏，挑战自己的最好水平，同时与对手互相尊重，互相激励，大方友善。这是非常重要的。比赛的输赢是次要的。

耶！
我赢了！
融融
陌生男孩

啊！讨厌！
不玩了！
融融
陌生男孩

融融
陌生男孩

故事 63 想加入游戏被拒

语言能力培养第一步：回答 WH 问题（前 6 个问题见图 1，第 7 个问题见图 2）

❶ 图片里有哪些人?

图片里有______。

❷ 他们在哪里?

家 / 教室 / 学校操场 / 小区；他们在______。

❸ 小朋友们在做什么?

玩跳绳 / 做作业 / 玩捉迷藏 / 玩木头人；小朋友们在______。

❹ 融融想做什么?

玩别的游戏 / 和他们一起玩捉迷藏 / 不想和他们玩 / 和他们一起看电影；他想______。

❺ 陌生女孩答应了融融的要求吗?

答应了 / 没有答应；她______。

❻ 陌生女孩为什么没有答应?

她不想和融融玩 / 她不认识融融，而且他们已经分好组了 / 她知道融融会捣乱 / 她妈妈不让她和融融玩；因为______。

❼ 融融被拒绝后做了什么?

大哭大闹 / 不管她的拒绝，继续加入他们 / 站在边上看 / 去和别人玩；融融______。

语言能力培养第二步：叙述事件

请用自己的话描述图片。

提示：图片里有融融、一个陌生女孩和一个陌生男孩。他们在小区里。小朋友们在玩捉迷藏。融融想和他们一起玩，小女孩没有答应，因为她不认识融融，而且他们已经分好组了。融融不管她的拒绝，还是继续加入他们。

社交能力培养第一个方面：察言观色和换位思考——理解表情、动作、感受、想法（见图 2）

提问句式：xx 的肢体语言是怎样的？ xx 的面部表情是怎样的？ xx 有怎样的感受？xx 是怎样想的？

融融

肢体语言：蹲下 / 站立；跟在女孩身后 / 站在一旁

面部表情：嘴微张 / 闭起；眉头皱起 / 舒展

情绪感受：生气 / 开心

内心想法：A. 他们不喜欢和我玩。 B. 不让我玩，我偏要玩！

C. 真好玩！我先跟在后面看看！ D. 我喜欢他们，就要和他们一起玩！

陌生女孩

肢体语言：蹲下 / 站立；面对融融 / 背对融融

面部表情：眼睛斜着看 / 向前看；眼睛睁大 / 闭起；眉头皱起 / 舒展

情绪感受：惊讶 / 得意；生气 / 开心

内心想法：A. 说了不带他，他怎么还跟在后面？真奇怪！

B. 都怪他！害得我被发现了！

C. 是我不对，我还是请他和我们一起玩吧。

D. 他真好玩！我要和他玩。

社交能力培养第二个方面：解决问题

图片呈现的主要问题是什么?

A. 融融想和陌生小朋友玩　　B. 融融被拒绝后还继续参与

C. 小女孩拒绝了融融的要求　　D. 融融被拒绝了就生很久的气

融融想和陌生小朋友玩，被拒绝了，他该怎么办?

A. 大哭大闹　　B. 站在边上等机会

C. 去找别人玩　　D. 自己找别的事做

生活中你会经常遇到类似的事吗？可以举例吗?

提示：可以结合孩子的经历给予提示。

社交能力培养第三个方面：推测结果

融融想和陌生小朋友玩，被拒绝后还继续加入，结果怎样?

小朋友们觉得他很奇怪，以后再也不和融融玩了。/ 小朋友们和融融玩得很开心。

融融想和陌生小朋友玩，被拒绝后站在边上等机会，结果怎样?

小朋友们觉得他很奇怪。/ 过了一会儿，有一个小朋友退出了，小女孩就请融融加入他们的游戏。

社交能力培养第四个方面：使用适当的言辞（说什么）和语气（怎么说）

融融想和陌生小朋友玩，被拒绝了，融融该说什么?

A. "不让就不让，有什么了不起！"　　B. "那等会儿，行吗？"

C. "哦，没关系，下次吧。"　　D. "好吧！"

融融该用什么语气说话?

A. 生气　　B. 嘲笑　　C. 诚恳　　D. 平静

品格培养

尊重别人的决定。尊重别人包括尊重别人的决定。如果别人拒绝我们，我们要尊重他们的决定，该离开的时候就离开。

你好！你们在玩什么？我可以一起玩吗？
陌生男孩
嘘！我又不认识你，我们已经分好组了！快走开！
融融
陌生女孩

哈哈！看到你了！
陌生男孩
融融
陌生女孩

陌生男孩
融融
陌生女孩

故事 64 不给你骑我的车

语言能力培养第一步：回答 WH 问题（前 3 个问题见图 1，第 4 和第 5 个问题见图 2）

❶ 图片里有哪些人？

图片里有______。

❷ 他们在哪里？

家 / 教室 / 学校操场 / 公园；他们在______。

❸ 小女孩想要什么？

和融融一起玩 / 借融融的自行车骑 / 请融融绕路走 / 向融融问路；小女孩想要______。

❹ 融融愿意借给她吗？

愿意 / 不愿意；融融______。

❺ 融融做了什么？

把车借给小女孩 / 告诉小女孩不行 / 什么都不说，骑车向前冲 / 大哭大闹；他______。

语言能力培养第二步：叙述事件

请用自己的话描述图片。

提示：图片里有融融和一个陌生女孩。他们在公园里。小女孩想借融融的自行车骑，融融不愿意借给她，什么都不说，就骑车向前冲。

社交能力培养第一个方面：察言观色和换位思考——理解表情、动作、感受、想法（见图 2）

提问句式：xx 的肢体语言是怎样的？ xx 的面部表情是怎样的？ xx 有怎样的感受？ xx 是怎样想的？

融融

肢体语言：骑车 / 停在小女孩面前

面部表情：看前方 / 看小女孩

情绪感受：不乐意 / 乐意

内心想法：A. 她会把我的车弄坏，我不要借给她。

B. 我还要骑呢！

C. 我去问问妈妈。

D. 让她骑会儿吧！

陌生女孩

肢体语言：身体后仰 / 前倾

面部表情：嘴巴张大 / 闭起；眼睛睁大 / 眯起；眉毛挑起 / 眉头舒展

情绪感受：惊讶 / 得意；害怕 / 平静；生气 / 开心

内心想法：A. 这人怎么这么怪？　B. 不想借就说嘛！

C. 哎呀，差点撞到我。　D. 他想和我开个玩笑吧！

社交能力培养第二个方面：解决问题

图片呈现的主要问题是什么？

A. 融融骑车　B 小女孩想借融融的车

C. 融融不想把车借给小女孩　D. 融融不想借，却什么也不说，骑车向前冲

小女孩向融融借车，融融想拒绝，他该怎么办？

A. 不说话，骑车向前冲　B. 告诉小女孩不行

C. 去问妈妈　D. 让小女孩骑他的车

生活中你会经常遇到类似的事吗？可以举例吗？

提示：可以结合孩子的经历给予提示。

社交能力培养第三个方面：推测结果

小女孩向融融借车，融融什么都不说，骑车向前冲，结果怎样？

融融差点撞到小女孩，小女孩害怕又生气。/ 小女孩离开，没有不高兴。

小女孩向融融借车，融融抱歉地告诉她不行，结果怎样？

融融差点撞到小女孩，小女孩害怕又生气。/ 小女孩离开，没有不高兴。

社交能力培养第四个方面：使用适当的言辞（说什么）和语气（怎么说）

小女孩向融融借车，融融不想借，融融该说什么？

A.“不行！”　B. 什么都不说

C.“对不起，不行。”　D.“好吧！”

融融该用什么语气说话？

A. 命令　B. 勉强　C. 诚恳　D. 平静

品格培养

❶ **尊重别人。**尊重别人包括用语言回答别人的问题。

❷ **拒绝别人。**每个人都会有拒绝别人的时候，当你用语言有礼貌地拒绝别人的时候，别人是能够理解并接受的。

你的单车可以给
我骑一下吗?
陌生女孩
融融

陌生女孩
融融

陌生女孩
融融

故事 65 抢先吃鸡腿

语言能力培养第一步：回答 WH 问题（前 4 个问题见图 1，第 5 个问题见图 2）

❶ 图片里有哪些人？

图片里有_____。

❷ 他们在哪里？

餐厅 / 教室 / 火车上 / 电影院；他们在_____。

❸ 融融做了什么？

把鸡腿吐了出来 / 抢先吃鸡腿 / 吃手 / 吃别人的东西；融融_____。

❹ 妈妈做了什么？

什么都没说 / 阻止融融先吃 / 告诉融融吃太多鸡腿不好 / 让融融吃点别的；妈妈_____。

❺ 融融做了什么？

把鸡腿放回盘里 / 把鸡腿吃掉 / 把鸡腿扔地上 / 把鸡腿让给客人吃；他_____。

语言能力培养第二步：叙述事件

请用自己的话描述图片。

提示：图片里有融融、爸爸妈妈和爸妈的朋友们。他们在餐厅里。融融抢先吃了鸡腿，妈妈阻止他先吃，融融把鸡腿扔在了地上。

社交能力培养第一个方面：察言观色和换位思考——理解表情、动作、感受、想法（见图 2）

提问句式：xx 的肢体语言是怎样的？ xx 的面部表情是怎样的？ xx 有怎样的感受？ xx 是怎样想的？

融融

肢体语言：扔鸡腿 / 双手放桌上

面部表情：嘴角向上 / 向下；眼睛睁大 / 眯起；眉头皱起 / 舒展

情绪感受：生气 / 开心

内心想法：A. 你不让我吃，我就发脾气给你看！

B. 不让我吃鸡腿，我就吃手！

C. 对不起，我错了！

D. 那好吧，我不吃了！

妈妈

肢体语言：身体朝向融融 / 客人；一手伸出阻止，另一手放桌下 / 双手放桌上

面部表情：嘴张开 / 闭起；眼睛睁大 / 眯起；眉毛挑起 / 眉头舒展

情绪感受：惊讶 / 平静；生气 / 开心

内心想法：A. 这孩子怎么把鸡腿扔了？

B. 这孩子太爱吃了！

C. 这孩子太丢我的脸了，人家会觉得我没有好好教育他。

D. 是我的错，不该当众批评他！

社交能力培养第二个方面：解决问题

图片呈现的主要问题是什么？

A. 融融抢先吃鸡腿　　B. 妈妈阻止融融抢先吃鸡腿

C. 融融被阻止后发脾气　　D. 融融什么也不说

融融抢先吃鸡腿，被妈妈阻止，他该怎么办？

A. 不说话，继续吃　　B. 告诉妈妈他饿了

C. 扔掉鸡腿，吃手　　D. 道歉

生活中你会经常遇到类似的事吗？可以举例吗？

提示：可以结合孩子的经历给予提示。

社交能力培养第三个方面：推测结果

融融抢先吃鸡腿，被妈妈阻止后发脾气，结果怎样？

妈妈很生气，别人觉得他很没礼貌。/ 妈妈让他吃鸡腿。

融融抢先吃鸡腿，被妈妈阻止后向大家道歉，结果怎样？

妈妈很生气，别人觉得他很没礼貌。/ 大家都觉得他通情达理。

社交能力培养第四个方面：使用适当的言辞（说什么）和语气（怎么说）

融融抢先吃鸡腿，被妈妈阻止，融融该说什么？

A. “不让我吃鸡腿，我就吃手！”　　B. “那好吧，我不吃了。”

C. “对不起，我错了。”　　D. “不！我就要吃！”

融融该用什么语气说话？

A. 生气　　B. 平静　　C. 诚恳　　D. 高兴

品格培养

❶ **虚心接受批评。**在被批评时，很多人都会觉得没面子，想要证明自己没错，但是更好的做法是虚心接受批评，说“对不起，我错了”，然后反省一下问题出在哪里。

❷ **懂得谦让。**在吃饭时不管别人，抢先吃东西是以自我为中心、不考虑别人的表现，这是不礼貌的，我们要等大家一起吃。

融融，不可以这样！
要等客人先动筷子你才可以
开始吃啊！
叔叔
阿姨
妈妈
融融
爸爸

叔叔
阿姨
妈妈
融融
爸爸

小龙、莉莉，
起筷子啊，别客气！
你们远道而来，
就别客气了，
快吃吧！
叔叔
阿姨
妈妈
融融
爸爸

故事 66 在图书馆里大笑

语言能力培养第一步：回答 WH 问题

1. 图片里有哪些人?

图片里有______。

2. 他们在哪里?

学校操场 / 教室 / 食堂 / 图书馆；他们在______。

3. 融融在做什么?

大笑 / 安静看书 / 大声念书 / 想问题；融融在______。

4. 穿黄衣服的男孩在做什么?

安静看书 / 看融融 / 大声念书 / 写字；他在______。

语言能力培养第二步：叙述事件

请用自己的话描述图片。

提示：图片里有融融和其他小朋友。他们在图书馆里。融融在大笑，穿黄衣服的男孩在看融融。

社交能力培养第一个方面：察言观色和换位思考——理解表情、动作、感受、想法

提问句式：xx 的肢体语言是怎样的？ xx 的面部表情是怎样的？ xx 有怎样的感受？xx 是怎样想的?

融融

肢体语言：站着 / 坐着；摊开书 / 手捂嘴

面部表情：嘴巴张大 / 闭起；眼睛睁大 / 眯起

情绪感受：生气 / 开心

内心想法：A. 哈哈，这书真有趣！

B. 他们为什么看着我?

C. 哎呀，别人都在安静看书，我也要安静！

D. 他们为什么这么安静?

穿黄衣服的男孩

肢体语言：扭头朝向融融 / 低头看书

面部表情：看融融 / 看书；嘴角向上 / 向下；眉毛挑起 / 眉头舒展

情绪感受：奇怪 / 平静；生气 / 开心

内心想法：A. 这个小朋友好奇怪呀！

B. 这个小朋友怎么这么吵?

C. 这个小朋友好没礼貌！

D. 这个小朋友太好玩了！

社交能力培养第二个方面：解决问题

图片呈现的主要问题是什么?

A. 融融看的书很有趣　　B. 融融在图书馆里大笑

C. 那些陌生人不理解融融　　D. 融融没专心看书

融融在图书馆里看到了很有趣的内容，他很想大笑，他该怎么办?

A. 放声大笑　　B. 大声笑完后解释一下

C. 忍住不笑　　D. 小声笑

在哪些场所大声说话、发笑会影响别人？可以举例吗?

提示：可以结合孩子的经历给予提示。

社交能力培养第三个方面：推测结果

融融在图书馆里看到了很有趣的内容，他大声笑了出来，结果怎样?

大家觉得他很吵，图书馆员走过来阻止他。/ 大家觉得这很正常。

融融在图书馆里看到了很有趣的内容，他很想大笑，但是忍住了没笑，结果怎样?

别人不知道融融想笑，什么事都没发生。/ 大家觉得他很奇怪。

社交能力培养第四个方面：使用适当的言辞（说什么）和语气（怎么说）

融融在图书馆里大笑，别人生气地看着他，融融该说什么?

A. “对不起，我不是故意的！”　　B. “对不起，我没忍住！”

C. “哈哈，太好笑了！”　　D. “我笑有什么错！”

融融该用什么语气说话?

A. 抱歉　　B. 理直气壮　　C. 诚恳　　D. 平静

品格培养

遵守规定。生活中有很多规定，如交通法规、校规。这些规定我们都要认真遵守，不能不当回事！有些规定是约定俗成的，不一定写在纸上，但是人们都会自觉遵守，如在图书馆里要保持安静，因为大家都在看书。在这样的场所发出很大的声音会打扰别人，使别人很不高兴。类似这样不能大声说话的场合有影剧院、博物馆、展览馆等，在有些音乐会上、餐馆里也不适合大声说话。

融融

融融
丁丁在刚果

故事 67 取笑朋友

语言能力培养第一步：回答 WH 问题

❶ 图片里有哪些人？

图片里有______。

❷ 他们在哪里？

家 / 小区球场 / 学校操场 / 体育馆；他们在______。

❸ 壮壮在做什么？

打排球 / 打篮球 / 打网球 / 打乒乓球；壮壮在______。

❹ 融融说了什么？

“加油！你一定能投进的！”/“哈哈哈！这么简单你都投不进！”/“让给我投！”/“差一点就进了！”融融说______。

语言能力培养第二步：叙述事件

请用自己的话描述图片。

提示：图片里有融融和壮壮。他们在小区球场上。壮壮在打篮球，融融说：“哈哈哈！这么简单都投不进！”

社交能力培养第一个方面：察言观色和换位思考——理解表情、动作、感受、想法

提问句式：xx 的肢体语言是怎样的？ xx 的面部表情是怎样的？ xx 有怎样的感受？ xx 是怎样想的？

融融

肢体语言：一手扶膝盖，另一手指壮壮 / 双手握拳

面部表情：嘴巴张大 / 闭起；眼睛眯起 / 睁大；大笑 / 微笑

情绪感受：生气 / 开心

内心想法：A. 这么简单都投不进，壮壮太差了！

B. 加油！多练练一定行！

C. 投篮看上去简单，实际很难啊！

D. 我该怎么帮壮壮呢？

壮壮

肢体语言：面对融融 / 背对融融；头转向旁边 / 转向融融；手抱球 / 投篮

面部表情：嘴角向上 / 下；眼睛斜着看 / 向前看；眉头舒展 / 皱起

情绪感受：生气 / 平静

内心想法：A. 真的简单吗？

B. 看来我真的很差！

C. 好，我一定能投进！

D. 融融气死我了！

社交能力培养第二个方面：解决问题

图片呈现的主要问题是什么？

A. 融融鼓励壮壮　　B. 融融取笑壮壮

C. 壮壮投不进篮　　D. 壮壮不好好投篮

壮壮投不进篮，融融该怎么办？

A. 取笑壮壮　　B. 批评壮壮

C. 鼓励壮壮　　D. 不理壮壮

社交能力培养第三个方面：推测结果

壮壮投篮没进，融融说：“这么简单都投不进！”结果怎样？

壮壮更没信心了。/ 壮壮更有信心了。

壮壮投篮没进，融融说：“加油！”结果怎样？

壮壮更没信心了。/ 壮壮更有信心了。

社交能力培养第四个方面：使用适当的言辞（说什么）和语气（怎么说）

壮壮投篮没进，融融该说什么？

A.“这么简单，怎么会进不了呢！”

B.“加油！”

C.“下次一定行！”

D.“投篮好难啊！”

融融该用什么语气说话？

A. 不屑　　B. 鼓励　　C. 诚恳　　D. 批评

品格培养

鼓励别人。看见别人不顺利时，要想着怎样才能鼓励他 / 她，而不是批评或取笑，那只会让他 / 她更没信心哦，要做一个会鼓励他人的人！

哈哈哈！这么简单
你都投不进！
壮壮
融融

壮壮
融融

故事 68 饮料被别人喝了

语言能力培养第一步：回答 WH 问题

1. 图片里有哪些人?

图片里有______。

2. 他们在哪里?

公园 / 图书馆 / 快餐店 / 教室；他们在______。

3. 他们在做什么?

看书 / 玩游戏 / 吃东西 / 取笑壮壮；他们在______。

4. 阿松做了什么?

喝了他自己的饮料 / 喝了融融的饮料 / 喝了小美的饮料 / 把饮料吐了出来；阿松______。

5. 融融说了什么?

"饮料好喝吗？" / "再点一份饮料吗？" / "你干吗喝我的饮料！" / "不好意思，你喝了我的饮料！"融融说______。

6. 融融是怎么说的?

大声地 / 小声地 / 在心里说 / 让别人说；融融是______。

语言能力培养第二步：叙述事件

请用自己的话描述图片。

提示：图片里有融融、小美、壮壮和阿松。他们在快餐店里吃东西。阿松喝了融融的饮料，融融大声地说："你干吗喝我的饮料！"

社交能力培养第一个方面：察言观色和换位思考——理解表情、动作、感受、想法

提问句式：xx 的肢体语言是怎样的? xx 的面部表情是怎样的? xx 有怎样的感受? xx 是怎样想的?

融融

肢体语言：一手伸出，另一手放在餐盘上 / 双手放在餐盘上；身体前倾 / 后仰

面部表情：嘴巴张大 / 闭起；眼睛睁大 / 眯起；眉头皱起 / 舒展

情绪感受：生气 / 平静

内心想法：A. 阿松把我的饮料喝了，我喝什么呀！

B. 吸管上沾了阿松的口水，脏死了！

C. 阿松不是故意的！

D. 阿松想尝尝我的饮料怎么样。

壮壮

肢体语言：身体僵硬 / 放松

面部表情：眼睛向下看 / 看融融；脸红 / 脸白

情绪感受：惊讶 / 平静；尴尬 / 得意

内心想法：A. 我是不小心的呀！真不好意思！

B. 融融干吗说得这么大声！吓我一跳。

C. 大家都在看我，太丢脸了！

D. 我就是想尝尝融融的饮料怎么样。

社交能力培养第二个方面：解决问题

图片呈现的主要问题是什么?

A. 阿松喝融融的饮料　　B. 融融大声说阿松喝了他的饮料

C. 阿松的饮料不好喝　　D. 融融不提醒阿松

阿松不小心喝了融融的饮料，融融该怎么办?

A. 大声告诉他　　B. 偷偷告诉他

C. 什么都别说　　D. 用手势告诉他

社交能力培养第三个方面：推测结果

阿松不小心喝了融融的饮料，融融大声说"这是我的！"结果怎样?

阿松吓一跳，也很尴尬。/ 阿松很高兴地感谢融融提醒他。

阿松不小心喝了融融的饮料，融融小声说"这是我的！"结果怎样?

阿松吓一跳，也很尴尬。/ 阿松很高兴地感谢融融提醒他。

社交能力培养第四个方面：使用适当的言辞（说什么）和语气（怎么说）

阿松不小心喝了融融的饮料，融融该怎么说?

A. 什么都不说，把自己的饮料拿回来　　B. "不好意思，你拿了我的饮料。"

C. "这是我的！"　　D "你干吗喝我的饮料！"

融融该用什么语气说话?

A. 嘲笑　　B. 生气　　C. 诚恳　　D. 平静

品格培养

1. **不随便说话。**说话前要考虑自己说的话会让别人产生什么样的情绪和想法，如果会让别人感到不高兴、不好意思，就要考虑换个说法哦。
2. **用温和的方式提醒别人。**提醒别人时先说"不好意思"，再加上温和诚恳的态度，别人就会很容易接受了。

你干吗喝我
的饮料！
壮壮
小美
融融
阿松

壮壮
小美
融融
阿松

故事 69 不等回答就抢铲子

语言能力培养第一步：回答 WH 问题（前 5 个问题见图 1，第 6 和第 7 个问题见图 2）

1 图片里主要有哪些人？

图片里主要有______。

2 他们在哪里？

学校 / 家 / 公园 / 餐馆；他们在______。

3 他们在做什么？

玩滑梯 / 玩沙子 / 聊天 / 吃东西；他们在______。

4 融融需要什么？

水桶 / 沙滩玩具 / 铲子 / 水；融融需要______。

5 融融对陌生女孩说了什么？

“我可以借给你。”/“能还给我吗？”/“能借你的铲子用一下吗？”/“这是你的吗？”融融说______。

6 融融拿铲子之前等陌生女孩回答了吗？

有 / 没有；他______。

7 陌生女孩说什么？

“好的！”/“不行！”/“你干吗抢我的铲子？我又没同意借给你！”/“让我想一想！”她说______。

语言能力培养第二步：叙述事件

请用自己的话描述图片。

提示：图片里主要有融融和一个陌生女孩，他们在公园里玩沙子。融融需要铲子，他对陌生女孩说：“能借你的铲子用一下吗？”但他没有等小女孩回答就去拿铲子。陌生女孩说：“你干吗抢我的铲子？我又没同意借给你！”

社交能力培养第一个方面：察言观色和换位思考——理解表情、动作、感受、想法（见图 2）

提问句式：xx 的肢体语言是怎样的？xx 的面部表情是怎样的？xx 有怎样的感受？xx 是怎样想的？

融融

肢体语言：一手放身侧，另一手握铲 / 双手捧沙

面部表情：嘴巴张大 / 抿紧；眉头舒展 / 皱起；眼睛睁大 / 眯起

情绪感受：抱歉 / 理所当然

内心想法：A. 妈妈说借东西之前要先问问对方，我已经问过了，所以我可以借了。

B. 不就是个铲子嘛！

C. 大家不是都随便拿的吗？

D. 这小女孩还没同意，我不能拿！

陌生女孩

肢体语言：单膝着地 / 坐着；双手握铲 / 捧沙

面部表情：嘴巴张大 / 抿紧；眼睛眯起 / 睁大；眉毛挑起 / 眉头舒展

情绪感受：惊讶 / 平静；生气 / 内疚

内心想法：A. 我还没同意，他怎么就来拿？

B. 让我先想想。

C. 这个人真没礼貌！

D. 我太小气了，我错了！

社交能力培养第二个方面：解决问题

图片呈现的主要问题是什么？

A. 融融没有铲子　　B. 融融问了小女孩能不能借她的铲子

C. 融融问了小女孩但没等她回答　　D. 小女孩太小气

融融需要铲子，他问小女孩“能借你的铲子用一下吗？”之后，应该怎么办？

A. 不停地问　　B. 问完后不等回答直接拿铲子

C. 问完后等小女孩的回答　　D. 请小女孩吃东西

生活中还有什么时候我们需要等别人的回答？可以举例吗？

提示：可以结合孩子的经历给予提示。

社交能力培养第三个方面：推测结果

融融需要铲子，他问小女孩“能借你的铲子用一下吗？”之后，不等小女孩回答就拿了铲子，结果怎样？

小女孩觉得融融很有礼貌，把铲子借给他。/ 小女孩觉得融融很没礼貌，说融融抢她的铲子。

融融需要铲子，他问了小女孩“能借你的铲子用一下吗？”之后等小女孩回答。小女孩说“现在不行，我还要用”。融融于是没拿铲子，结果怎样？

小女孩觉得融融很有礼貌，她不用的时候再借给融融。/ 小女孩觉得融融很没礼貌，说融融抢了她的铲子。

社交能力培养第四个方面：使用适当的言辞（说什么）和语气（怎么说）

融融向小女孩借铲子，小女孩说："不行！"融融该怎么回答？

A. "好的，没关系。"　　B. "对不起！"

C. "不借就不借，有什么了不起！"　　D. "我请你吃苹果，好吗？"

融融该用什么语气说话？

A. 生气　　B. 抱歉　　C. 高兴　　D. 平静

品格培养

1. **认真听别人说话。**认真听别人说话包括问完别人问题后，根据别人的回答做出反应。
2. **给家长的话：**孩子在问完"可以借一下吗"之后就去拿所借之物，可能是因为他们不知道"可以借一下吗"的含义是征求同意，而不是像"请""谢谢"那样的礼貌用语，也可能是因为他们以为"借东西之前要问一下"的意思就是"问一下"而不是"征求同意"，他们只能理解"问一下"的字面意思，而不能理解它的引申意思是"征求同意"。所以，我们要先搞清楚孩子到底是怎么想的，然后根据不同情况来教他们。

故事 70 没有说谢谢

语言能力培养第一步：回答 WH 问题（前 4 个问题见图 1，第 5 和第 6 个问题见图 2）

1 图片里有哪些人？

图片里有______。

2 他们在哪里？

家 / 学校 / 马路 / 游乐场；他们在______。

3 融融的笔袋怎么了？

被偷了 / 坏了 / 掉出来了 / 脏了；融融的笔袋______。

4 阿姨做了什么？

捡起笔袋并还给融融 / 偷笔袋 / 买笔袋 / 藏起笔袋；阿姨______。

5 融融做了什么？

接过笔袋 / 扔掉笔袋 / 一把夺回笔袋 / 不要笔袋；融融______。

6 融融对阿姨说了什么？

“谢谢！” / “再见！” / “你好！” / 什么也没说；融融说______。

语言能力培养第二步：叙述事件

请用自己的话描述图片。

提示：图片里有融融和一个陌生阿姨。他们在马路上，融融的笔袋掉出来了，阿姨捡起了笔袋，还给了融融。融融接过笔袋，什么也没说。

社交能力培养第一个方面：察言观色和换位思考——理解表情、动作、感受、想法（见图 2）

提问句式：xx 的肢体语言是怎样的？ xx 的面部表情是怎样的？ xx 有怎样的感受？ xx 是怎样想的？

融融

肢体语言：背对阿姨 / 转身面对阿姨；一手拿笔袋，另一手放身侧 / 双手接过笔袋

面部表情：微笑 / 没有表情

情绪感受：无所谓 / 开心

内心想法：A. 阿姨太好了！多亏她帮我捡回来！　B. 是我的笔袋。

C. 我还掉了别的东西吗？　D. 这个阿姨管那么多闲事！

阿姨

肢体语言：一手握包带，另一手伸出 / 双手放身侧

面部表情：看别处 / 看融融；嘴角向上 / 向下

情绪感受：奇怪 / 内疚；生气 / 开心

内心想法：A. 这个小孩真可爱！

B. 这个小孩一定是在心里感谢我！

C. 这个小孩真没礼貌！还给他东西，他都不说谢谢！

D. 这个小孩真怪！

社交能力培养第二个方面：解决问题

图片呈现的主要问题是什么？

A. 融融的书包拉链开了

B. 融融的笔袋掉了

C. 阿姨把笔袋还给融融这么小的事还要等着融融说谢谢

D. 融融没说谢谢

阿姨把笔袋还给融融，融融应该怎么办？

A. 夺过来就走，什么也不说　B. 告诉阿姨他还掉了一本书

C. 感谢阿姨　D. 问阿姨叫什么名字

生活中还有什么时候我们需要感谢别人？可以举例吗？

提示：可以结合孩子的经历给予提示。

社交能力培养第三个方面：推测结果

阿姨把笔袋还给融融，融融却什么也不说，结果怎样？

阿姨很高兴。/ 阿姨觉得融融没礼貌。

阿姨把笔袋还给融融，融融对阿姨表示感谢，结果怎样？

阿姨很高兴。/ 阿姨觉得融融没礼貌。

社交能力培养第四个方面：使用适当的言辞（说什么）和语气（怎么说）

阿姨把笔袋还给融融，融融该说什么？

A. “谢谢阿姨！”　B. “谢谢阿姨！多亏您发现，不然我就惨了。”

C. “对不起，我应该把拉链拉好的。”　D. “你看见我丢别的东西了吗？”

融融该用什么语气说话？

A. 感谢　B. 责备　C. 诚恳　D. 平静

品格培养

要有一颗感恩的心。任何时候别人帮你做再小的事情，即使是你最亲的人，也不能理所当然地接受，而是要怀着感恩的心，对他们表示感谢！ 一定要把心里的感谢说出来，别人才会知道哦！ 拥有一颗感恩的心使我们能更珍惜他人，更有爱心！当别人捡到东西还给我们时，我们一定要说谢谢哦！

小朋友，
你的笔袋掉了！
融融
陌生阿姨

这孩子怎么这样？
一句话都不说就走了！
融融
陌生阿姨

融融
陌生阿姨

故事 71 不会加入聊天

语言能力培养第一步：回答 WH 问题（前 3 个问题见图 1，第 4 和第 5 个问题见图 2）

1 图片里有哪些人?

图片里有______。

2 他们在哪里?

家 / 学校 / 马路 / 游乐场；他们在______。

3 阿松和浩子在聊什么?

食物 / 电影 / 学校作业 / 同学；他们在聊______。

4 融融说了什么?

“你们在聊什么？”/“哪吒后来怎么样了？”/“我昨天做面包了。”/“说得我都想看这部电影了。”融融说______。

5 融融的话题和阿松、浩子的聊天话题有关系吗？

有 / 没有；______。

语言能力培养第二步：叙述事件

请用自己的话描述图片。

提示：图片里有融融、浩子和阿松。他们在游乐场里。阿松和浩子在聊电影，融融说：“我昨天做面包了。”他说的话题和阿松、浩子的聊天话题没有关系。

社交能力培养第一个方面：察言观色和换位思考——理解表情、动作、感受、想法（见图 2）

提问句式：xx 的肢体语言是怎样的？ xx 的面部表情是怎样的？ xx 有怎样的感受？ xx 是怎样想的?

融融

肢体语言：双手放身侧 / 一手拿冰棍，另一手撑椅子；面对朋友 / 背对朋友

面部表情：看朋友 / 看冰棍

情绪感受：无所谓 / 担心

内心想法：A. 哪吒后来怎么样了？

B. 我做的面包真好吃！

C. 我没看过那部电影，不知道他们在说什么，只好改变话题了。

D. 这部电影真有意思！我也想去看。

阿松

肢体语言：一手放在椅子上，另一手拿冰棍 / 双手放在椅子上

面部表情：看融融 / 看冰棍；眉毛挑起 / 眉头舒展；眼睛睁大 / 眯起

情绪感受：奇怪 / 开心

内心想法：A. 好奇怪，融融说的话和我们聊天的内容完全没关系！

B. 融融做的面包好吃吗?

C. 我要和浩子避开融融，换个地方继续聊《哪吒》。

D. 那我们就聊聊面包吧！

社交能力培养第二个方面：解决问题

图片呈现的主要问题是什么?

A. 融融不喜欢看电影

B. 融融突然转换了话题

C. 融融才学会做面包

D. 融融没听他们在说什么

阿松和浩子在聊天，融融想加入他们，他应该怎么办?

A. 用自己感兴趣的话题打断他们

B. 听他们在说什么，然后在合适的时候提问或评论

C. 不感兴趣地走开

D. 叫他们一起去玩过山车

别人聊天的时候我们可以怎么加入他们？可以举例吗?

提示：可以结合孩子的经历给予提示。

社交能力培养第三个方面：推测结果

阿松和浩子在聊电影，融融想加入他们，就说：“我昨天做面包了。”结果怎样?

阿松和浩子不喜欢被融融打断，换个地方继续聊电影。/ 阿松和浩子很佩服融融，问他面包是怎么做的。

阿松和浩子在聊电影。融融虽然没看过，但也想加入他们的聊天，就根据他们的聊天内容问了些问题，结果怎样?

阿松和浩子继续聊天，不理融融。/ 阿松和浩子向融融介绍了更多有关这部电影的内容，觉得和融融聊天很愉快。

社交能力培养第四个方面：使用适当的言辞（说什么）和语气（怎么说）

阿松和浩子在聊电影，融融想加入他们，融融该说什么？

A. “我昨天做面包了。”　　B. “这部电影我没看过，咱们聊点别的吧！”

C. “后来怎么样了？”　　D. “为什么你喜欢那个人？”

融融该用什么语气说话？

A. 命令　　B. 询问

C. 诚恳　　D. 轻蔑

品格培养

尊重别人的聊天话题。当别人在聊很感兴趣的事时，我们要表示尊重。如果你知道一些，在聊天的时候可以做出评论；如果你不知道，可以问他们一些相关的问题。在别人热聊他们感兴趣的事情时打断他们或扯开话题，他们会觉得扫兴，和你没有共同语言。

故事 72 忽视别人的需要

语言能力培养第一步：回答 WH 问题（前 4 个问题见图 1，第 5 个问题见图 2）

❶ 图片里有哪些人？

图片里有______。

❷ 他们在哪里？

家 / 教室 / 马路 / 图书馆；他们在______。

❸ 陌生男孩在做什么？

看书 / 伸手去够一本书 / 找书 / 聊天；陌生男孩在______。

❹ 陌生男孩需要什么样的帮助？

建议看什么书好 / 解释书的内容 / 帮忙拿书 / 聊天；他需要______。

❺ 融融做了什么？

帮男孩够书 / 和小男孩聊天 / 看了小男孩一眼就走了 / 建议小男孩换本书；融融______。

语言能力培养第二步：叙述事件

请用自己的话描述图片。

提示：图片里有融融和一个陌生男孩。他们在图书馆里。小男孩在够一本书，他需要有人帮忙。融融看了小男孩一眼就走了。

社交能力培养第一个方面：察言观色和换位思考——理解表情、动作、感受、想法（见图 2）

提问句式：xx 的肢体语言是怎样的？ xx 的面部表情是怎样的？ xx 有怎样的感受？ xx 是怎样想的？

融融

肢体语言：走过去 / 停下来；扭头转向别处 / 扭头转向小男孩

情绪感受：无所谓 / 关心

内心想法：A. 他干吗看我？是要我离开吗？

B. 他肯定想自己解决问题，我还是离开吧！

C. 没有我要的书，我走了。

D. 我应该帮他一下！

陌生男孩

肢体语言：一手举起，另一手放身侧 / 双手放身侧；转身看融融 / 背对融融；低头 / 抬头

面部表情：眼皮耷拉 / 眼睛睁大；肩膀向下沉 / 挺胸站直

情绪感受：奇怪 / 抱歉；失望 / 期待

内心想法：A. 这个哥哥为什么不帮我？好奇怪！

B. 怎么都够不着，谁能帮帮我呀？

C. 我不需要别人帮我！

D. 你走开，别看我！

社交能力培养第二个方面：解决问题

图片呈现的主要问题是什么？

A. 小男孩够不到书　　B. 小男孩不用语言向融融求助

C. 融融没觉察小男孩的需要　　D. 融融没看懂小男孩的表情

小男孩够不到书，看了融融一眼。融融应该怎么办？

A. 看他一眼就走开　　B. 帮他把书拿下来

C. 问他是否需要帮忙　　D. 和他聊天

还有什么身体语言或表情是表示需要帮助的？可以表演一下吗？

提示：可以结合孩子的经历给予提示。

社交能力培养第三个方面：推测结果

小男孩够不到书，看了融融一眼。融融看了他一眼就走开了，结果会怎么样？

小男孩很感谢融融。/ 小男孩觉得融融不愿意帮助他。

小男孩够不到书，看了融融一眼。融融帮他把书拿下来，结果会怎么样？

小男孩很感谢融融。/ 小男孩觉得融融不愿意帮助他。

社交能力培养第四个方面：使用适当的言辞（说什么）和语气（怎么说）

小男孩够不到书，看了融融一眼。融融该说什么？

A. "自己拿！"　　B. "要帮忙就说话！"　　C. "要我帮忙吗？"　　D. "你真矮！"

融融该用什么语气说话？

A. 嘲讽　　B. 命令　　C. 诚恳　　D. 询问

品格培养

❶ **注意到周围的人。**注意周围的人在做什么很重要，不能把人当书架或一棵树。当看到别人有需要的时候，我们要及时给予帮助；另外，如果发生突发事件，通过注意别人的反应，我们也能及时做出反应。

❷ **帮助他人。**看见别人需要帮助的时候，如果自己能帮上忙，就尽量去帮！如果在你自己需要帮助的时候别人来帮你，你一定会很高兴，根据"待人如己"的黄金法则，我们要尽可能地帮助他人。

融融
陌生男孩

融融
陌生男孩

融融
陌生男孩

故事73 找不到厕所，尿裤子了

语言能力培养第一步：回答 WH 问题

1. 融融在哪里？

商场 / 马路 / 客厅 / 公园；他在______。

2. 融融需要做什么？

找餐馆 / 找妈妈 / 找厕所 / 找服务员；融融需要______。

3. 融融找到厕所了吗？

找到了 / 没有找到；他______。

4. 融融怎么了？

笑了 / 尿裤子了 / 买新裤子了 / 裤子破了；融融______。

语言能力培养第二步：叙述事件

请用自己的话描述图片。

提示：融融在商场里。他要找厕所，但是找不到，尿裤子了。

社交能力培养第一个方面：察言观色和换位思考——理解表情、动作、感受、想法

提问句式：xx 的肢体语言是怎样的？ xx 的面部表情是怎样的？ xx 有怎样的感受？ xx 是怎样想的？

融融

肢体语言：笔直站立 / 蜷缩半蹲；手捂裤裆 / 手放身侧

面部表情：嘴角向上 / 向下；眉头皱起 / 舒展；脸红 / 脸白

情绪感受：难受 / 舒服；担心 / 骄傲

内心想法：A. 找不到厕所，我还是憋着吧！

B. 湿湿的，好难受！

C. 被人看见也没关系，谁让我找不到呢！

D. 千万别让别人看见！

社交能力培养第二个方面：解决问题

图片呈现的主要问题是什么？

A. 融融找不到厕所　　B. 融融的裤子破了

C. 融融憋不住尿，尿裤子了　　D. 融融不去找人问路

融融找不到厕所，融融应该怎么办？

A. 大哭　　B. 找别人问路

C. 憋着尿　　D. 尿裤子里

生活中在哪些情况下我们还会需要问路？可以举例吗？

提示：可以结合孩子的经历给予提示。

社交能力培养第三个方面：推测结果

融融要找厕所，找不到就尿了裤子，结果怎样？

融融妈妈表扬了他。/ 裤子湿了，融融很难受，还可能被别人笑话。

融融要找厕所，找不到就问人，结果怎样？

融融很快找到了厕所。/ 融融被批评了一顿。

社交能力培养第四个方面：使用适当的言辞（说什么）和语气（怎么说）

融融找不到厕所，要找人问路，他该怎么说？

A. “我要找厕所！”

B. “你好，请问厕所在哪里？”

C. “对不起，我需要尿尿，你知道厕所在哪儿吗？”

D. “我需要帮忙！”

融融该用什么语气说话？

A. 高兴　　B. 询问　　C. 诚恳　　D. 命令

品格培养

寻求帮助。相信别人会愿意帮助你，就会比较愿意去寻求帮助。如果不知道怎么寻求他人的帮助，就说：“请问……”然后把自己的需求告诉别人。

男厕所
融融

融融

故事74 航班延误了

语言能力培养第一步：回答WH问题

❶ 图片里主要有哪些人？

图片里有______。

❷ 他们在哪里？

家 / 餐馆 / 火车站 / 机场；他们在______。

❸ 他们要去做什么？

搬家 / 郊游 / 度假 / 出差；他们要去______。

❹ 发生什么事了？

下雪了 / 航班延误一天 / 融融摔倒了 / 他们迟到了；______。

❺ 融融在做什么？

和爸妈聊天 / 和妹妹玩 / 安检 / 躺地大哭；融融在______。

语言能力培养第二步：叙述事件

请用自己的话描述图片。

提示：图片里主要有融融、爸妈和妹妹，他们在机场，要坐飞机去度假。航班要延误一天，融融趴地上大哭。

社交能力培养第一个方面：察言观色和换位思考——理解表情、动作、感受、想法

提问句式：xx的肢体语言是怎样的？xx的面部表情是怎样的？xx有怎样的感受？xx是怎样想的？

融融

肢体语言：站着 / 趴在地上；握拳砸地 / 手指着航班信息显示屏

情绪感受：生气 / 兴奋；抱歉 / 失望

内心想法：A. 所有的计划都泡汤了！

B. 那就等等吧！谁都不想这样！

C. 我就是要今天去！今天去！

D. 今天去不了，明天也一样可以去啊！

妈妈

肢体语言：蹲着 / 站着；打融融的头 / 摸融融的头

面部表情：看融融 / 看航班信息显示屏；嘴巴张开 / 闭起；眼睛睁大 / 闭起

情绪感受：担心 / 内疚；不知所措 / 得意；生气 / 兴奋

内心想法：A. 就要这么闹！

B. 融融为什么闹呢？太不会变通了！

C. 融融这么哭下去，会生病的！

D. 我该怎么哄他才行呢？

社交能力培养第二个方面：解决问题

图片呈现的主要问题是什么？

A. 飞机坏了　B. 飞机延误太久

C. 融融大发脾气　D. 融融不能去度假了

航班延误了，融融应该怎么办？

A. 大哭大闹　B. 很快接受今天不能出发的事实

C. 换乘火车　D. 做些别的喜欢的事

还有哪些突发事件会发生在我们的生活中？可以举例吗？

提示：可以结合孩子的经历给予提示。

社交能力培养第三个方面：推测结果

融融听说航班延误了就躺地大闹，结果怎样？

全家人都很不高兴。/ 机场为他们专门增设一个航班。

融融听说航班延误了就问爸爸妈妈能不能做些别的好玩的事，结果怎样？

全家人去看了电影，吃了大餐，很高兴。/ 全家人都不知道怎么办，很不开心。

社交能力培养第四个方面：使用适当的言辞（说什么）和语气（怎么说）

融融发现航班延误了，他该说什么？

A.“这下全完了！计划全都泡汤了！”　B.“气死我了！”

C“爸爸妈妈，我们怎么办呢？”　D.“我们今天在这里度假吧！”

融融该用什么语气说话？

A. 生气　B. 询问　C. 抱怨　D. 平静

品格培养

学会变通。想做的事情因为种种原因做不成，会使人生气、失望，这个时候我们要学会变通，意思是要尽快摆脱受挫后愤怒、遗憾的坏情绪，不要总是想着做不了的事。我们可以想一想我们的主要目的。在这里，度假的目的是全家在一起玩得开心，虽然不能去目的地度假，暂时在现在的地方玩得开心也是一样的，更何况明天还是可以出发的啊！这样想就不会陷在坏情绪里出不来了。

爸爸
出港航班 Departures 星期四
往To 登机口G 预计T 备注R
林Guilin 10 18:45 登机
明Kunming 2 20:20 延误
汉Wuhan 7 延误
口Haikou 13 延误
妈妈
融融
妹妹

爸爸
出港航 rtures 星期四
往To 口G 预计T 备注R
林Gu 18:45 登机
明Ku 延误
汉Wu 17:40 延误
口Haik 21:00 延误
妈妈
融融
妹妹

故事 75 不帮后面的人开门

语言能力培养第一步：回答 WH 问题

❶ 图片里有哪些人？

图片里有______。

❷ 他们在哪里？

家 / 快餐店 / 酒店门口 / 机场；他们在______。

❸ 发生什么事了？

融融拿不动行李 / 融融没有帮妈妈拉住门，妈妈被门撞到了 / 融融推不开门 / 融融没有帮妈妈拿行李；______。

语言能力培养第二步：叙述事件

请用自己的话描述图片。

提示：图片里有融融和妈妈。他们在酒店门口。融融没有帮妈妈拉住门，妈妈被门撞到了。

社交能力培养第一个方面：察言观色和换位思考——理解表情、动作、感受、想法

提问句式：xx 的肢体语言是怎样的？ xx 的面部表情是怎样的？ xx 有怎样的感受？ xx 是怎样想的？

融融

肢体语言：松手 / 手拉门把手；背对门 / 身体面对门

面部表情：直视前方 / 看妈妈；微笑 / 面无表情

情绪感受：不关心 / 关心

内心想法：A. 我得跟上爸爸。

B. 这个门好沉，推开真不容易！

C. 我要帮妈妈把门拉住！

D. 妈妈真慢！

妈妈

肢体语言：双手拿东西 / 手推门；头被门撞到 / 没有身体部位被门撞到

面部表情：眉头皱起 / 舒展；眼睛睁大 / 闭起

情绪感受：疼痛 / 舒服；生气 / 欣慰

内心想法：A. 我要赶紧跟上融融！

B. 哎呀，头被撞到了，好痛！

C. 融融怎么不帮我拉住门！

D. 可恶的门！

社交能力培养第二个方面：解决问题

图片呈现的主要问题是什么？

A. 门坏了　　B. 妈妈被门撞疼了

C. 融融没帮妈妈拉住门　　D. 妈妈太不小心了

融融出酒店门的时候知道妈妈跟在后面，他应该怎么办？

A. 只管自己走出去　　B. 帮妈妈拉住门

C. 告诉妈妈要小心　　D. 摔门

还有哪些时候别人会需要我们的帮助？可以举例吗？

提示：可以结合孩子的经历给予提示。

社交能力培养第三个方面：推测结果

融融出酒店门的时候只管自己走出去，结果怎样？

妈妈被门撞到了。/ 妈妈安全地出了门。

融融出酒店门的时候帮跟在后面的妈妈拉住门，结果怎样？

妈妈被门撞到了。/ 妈妈安全地出了门。

社交能力培养第四个方面：使用适当的言辞（说什么）和语气（怎么说）

融融发现酒店的门会往回弹，他一边连忙拉住门，一边该说什么？

A. “这门真好玩！”　　B. “妈妈，小心！”

C. “妈妈，这门会往回弹！”　　D. “这门坏了！”

融融该用什么语气说话？

A. 关心　　B. 询问　　C. 诚恳　　D. 生气

品格培养

关心别人，主动提供帮助。关心别人包括随时注意身边人的需要，如妈妈需要你帮她拉住门、提重的袋子、递水，不要等别人请求你或告诉你做什么才去做，我们要留心别人的需要，主动提供帮助。

ONG YUAN TIMES HOTEL
宏源时代酒店
融融
妈妈

ONG YUAN TIMES HOTEL
宏源时代酒店
融融
妈妈

故事 76 被人欺负后打人

语言能力培养第一步：回答 WH 问题（前 4 个问题见图 1，第 5 个问题见图 2）

1 图片里主要有哪些人？

图片里主要有______。

2 他们在哪里？

家 / 小区 / 图书馆 / 少年宫；他们在______。

3 他们在做什么？

唱歌 / 画画 / 跳舞 / 弹琴；他们在______。

4 小强做了什么？

不小心撞了融融 / 故意撞融融 / 被融融撞了 / 问融融问题；小强______。

5 融融做了什么？

举手告诉老师 / 告诉小美 / 打小强 / 口头警告小强；融融______。

语言能力培养第二步：叙述事件

请用自己的话描述图片。

提示：图片里主要有融融和小强，他们在少年宫里。他们在画画，小强故意撞融融，融融打了小强。

社交能力培养第一个方面：察言观色和换位思考——理解表情、动作、感受、想法（见图 2）

提问句式：xx 的肢体语言是怎样的？ xx 的面部表情是怎样的？ xx 有怎样的感受？ xx 是怎样想的？

融融

肢体语言：站着 / 坐着；面对小强 / 背对小强；一手伸向小强的脑袋，另一手抓住他的衣服 / 一手握笔，另一手扶画

面部表情：看小强 / 看画；眉头皱起 / 舒展；眼睛睁大 / 闭起

情绪感受：生气 / 兴奋

内心想法：A. 小强太讨厌了！

B. 我要告诉老师！

C. 我要教训教训他！

D. 小强逗我，我也逗他！

老师

肢体语言：面对黑板 / 扭头朝向融融

面部表情：看融融和小强 / 看黑板；眉头皱起 / 舒展；眼睛睁大 / 闭起；嘴角向上 / 向下

情绪感受：生气 / 平静

内心想法：A. 怎么打起架了！

B. 我还怎么上课！

C. 他们是在闹着玩呢！

D. 他俩画得都不错！

社交能力培养第二个方面：解决问题

图片呈现的主要问题是什么？

A. 小强故意撞融融　　B. 融融的画没画好

C. 小强欺负融融，融融就打小强来反抗　　D. 融融乱发脾气

小强故意撞融融，导致融融把画画歪了，融融应该怎么办？

A. 打小强　　B. 严肃地口头警告

C. 告诉老师　　D. 什么也不说

别人欺负过你吗？可以举例吗？

提示：可以结合孩子的经历给予提示。

社交能力培养第三个方面：推测结果

小强故意撞融融，导致融融把画画歪了，融融打了小强，结果怎样？

老师严厉地批评了融融和小强。/ 老师表扬融融做得对。

小强故意撞融融，导致融融把画画歪了，融融严肃地口头警告小强，结果怎样？

老师严厉地批评了融融。/ 小强没有再撞融融。

社交能力培养第四个方面：使用适当的言辞（说什么）和语气（怎么说）

小强故意撞融融，导致融融把画画歪了，融融该说什么？

A. “讨厌！”　　B. “不许撞我！”

C. “你再撞，我就告诉老师！”　　D. “老师，小强撞我！”

融融该用什么语气说话？

A. 严肃　　B. 高兴　　C. 温柔　　D. 骄傲

品格培养

正当地自卫。当别人欺负我们时，我们要自卫。 自卫的方法要得当，如果去打别人，那我们自己也犯了错，其实在绝大多数情况下给对方严肃的口头警告就够了。

老师
融融
小强

老师
融融打我！
融融
小强

老师
融融
小强

故事 77 继续和我玩球

语言能力培养第一步：回答 WH 问题（前 4 个问题见图 1，第 5 和第 6 个问题见图 2）

❶ 图片里有哪些人？

图片里有______。

❷ 他们在哪里？

家 / 小区 / 学校 / 少年宫；他们在______。

❸ 他们在做什么？

唱歌 / 跳舞 / 玩球 / 打牌；他们在______。

❹ 妹妹怎么了？

被融融抛的球砸到了 / 不小心把球砸到了融融身上 / 摔倒了 / 想玩别的游戏；妹妹______。

❺ 融融做了什么？

给妹妹揉脑袋 / 带妹妹回家 / 和妹妹聊天 / 让妹妹和他继续玩球；融融______。

❻ 妹妹有什么反应？

继续玩 / 哭了 / 笑了 / 打融融；妹妹______。

语言能力培养第二步：叙述事件

请用自己的话描述图片。

提示：图片里有融融和妹妹，他们在小区里玩球。妹妹被融融抛的球砸到了，融融却让妹妹和他继续玩球，妹妹哭了。

社交能力培养第一个方面：察言观色和换位思考——理解表情、动作、感受、想法（见图 2）

提问句式：xx 的肢体语言是怎样的？ xx 的面部表情是怎样的？ xx 有怎样的感受？ xx 是怎样想的？

融融

肢体语言：把球递给妹妹 / 扔掉球去摸妹妹的头

面部表情：嘴角向上 / 向下；眉头舒展 / 皱起；微笑 / 哭泣

情绪感受：开心 / 担心

内心想法：A. 我们继续玩球啊！　B. 砸一下没事的！　C. 妹妹太娇气了！　D. 妹妹一定很疼吧！

妹妹

肢体语言：手擦眼泪 / 伸手接球

面部表情：眉头舒展 / 皱起；嘴巴张大 / 闭起；微笑 / 哭泣

情绪感受：疼痛 / 舒服；生气 / 开心

内心想法：A. 那我继续玩吧！

B. 一点都不疼！球真好玩！

C. 我好疼！

D. 哥哥都不和我说声对不起，还让我和他继续玩球，真讨厌！

社交能力培养第二个方面：解决问题

图片呈现的主要问题是什么？

A. 妹妹被球砸了

B. 融融扔球不准

C. 妹妹被球砸了，融融不去安慰，反而让妹妹继续和他玩球

D 妹妹不肯玩了

妹妹被球砸到了，融融应该怎么办？

A. 安慰妹妹　B. 继续扔球给她

C. 陪妹妹回家　D. 问妹妹想做什么

还有什么时候别人会不想继续做一件事了？可以举例吗？

提示：可以结合孩子的经历给予提示。

社交能力培养第三个方面：推测结果

妹妹被球砸到了，融融不去安慰，反而让妹妹继续和他玩球，结果怎样？

妹妹更不高兴了。/ 妹妹高兴地继续玩球。

妹妹被球砸到了，融融跑去安慰她，结果怎样？

妹妹更不高兴了。/ 妹妹很快恢复了平静。

社交能力培养第四个方面：使用适当的言辞（说什么）和语气（怎么说）

妹妹被球砸到了，融融跑去安慰她，融融该说什么？

A. "不就碰了一下嘛，不疼的！"　B. "你太娇气了！"

C. "一定很疼吧！"　D. "你先休息一下，等不疼了我们玩你喜欢的。"

融融该用什么语气说话？

A. 同情　B. 轻蔑　C. 诚恳　D. 生气

品格培养

同情别人。当别人心情不好的时候，我们不能逼着对方继续完成你们之前在做的事情，要想办法理解对方的感受，如果你在对方的处境下，你会希望对方对你说什么，做什么，然后告诉他 / 她你明白他 / 她的感受。我们要学会照顾他人的情绪。

融融
妹妹

我们继续
玩球啊！
融融
妹妹

妹妹
融融

故事 78 等人时玩电梯

语言能力培养第一步：回答 WH 问题

❶ 图片里有哪些人？

图片里有______。

❷ 他们在哪里？

博物馆 / 小区 / 学校 / 少年宫；他们在______。

❸ 融融在等谁？

妹妹 / 妈妈 / 小美和壮壮 / 老师；融融在______。

❹ 融融在做什么？

帮别人按电梯按钮 / 坐电梯 / 玩电梯 / 看墙上的路线图；融融在______。

❺ 保安叔叔有什么反应？

什么都没说 / 阻止融融 / 感谢融融 / 嘲笑融融；保安叔叔______。

❻ 保安叔叔为什么要阻止融融？

觉得他讨厌 / 觉得他可爱 / 这种行为很危险 / 今天他心情不好；因为______。

语言能力培养第二步：叙述事件

请用自己的话描述图片。

提示：图片里有融融和一个保安叔叔，他们在博物馆里。融融在等小美和壮壮。当他在玩电梯时，被保安叔叔阻止了，因为这种行为很危险。

社交能力培养第一个方面：察言观色和换位思考——理解表情、动作、感受、想法

提问句式：xx 的肢体语言是怎样的？ xx 的面部表情是怎样的？ xx 有怎样的感受？ xx 是怎样想的？

融融

肢体语言：手伸向电梯按钮 / 手放背后

面部表情：看电梯按钮 / 斜眼看叔叔；微笑 / 面无表情

情绪感受：无聊 / 担心

内心想法：A. 不能玩电梯门，这很危险！

B. 我来看看在门马上要合上的时候把手伸进去会有什么反应。

C. 壮壮和小美怎么还没看完？

D. 我要耐心等待！

叔叔

肢体语言：一手向前伸出，另一手放身侧 / 双手放身侧

面部表情：眼睛睁大 / 眯起；眉头舒展 / 皱起

情绪感受：担心 / 无所谓；平静 / 着急

内心想法：A. 这个孩子真可爱！

B. 这太危险了！

C. 他会把电梯弄坏的！

D. 今天天气真糟糕！

社交能力培养第二个方面：解决问题

图片呈现的主要问题是什么？

A. 壮壮和小美让融融等了太久　　B. 融融按电梯按钮

C. 融融玩电梯　　D. 叔叔骂人

壮壮和小美让融融等了太久，融融应该怎么办？

A. 玩电梯　　B. 找他们去

C. 做些安全的事打发时间　　D. 不等他们

还有什么时候你需要在公共场合等人？你可以做哪些安全的事情打发时间？

提示：可以结合孩子的经历给予提示。

社交能力培养第三个方面：推测结果

融融等人的时候玩电梯，结果怎样？

如果被保安叔叔发现，会被及时阻止；如果没被发现，可能会出意外。/ 什么事都没发生。

融融等人的时候自己找安全的事做，结果怎样？

被保安叔叔批评。/ 什么事都没发生。

品格培养

保障自己和他人的安全。我们玩或者找事做的时候，不能影响他人、给他人带来不便，更要注意自己和他人的安全。像把手伸进电梯门或者不停地按电梯按钮这样的玩电梯行为会影响其他人乘坐电梯，或者导致电梯坏掉，进而危及他人和自己的人身安全。我们不做这种不安全的事！

小美和壮壮怎么还没看完？
玩一下电梯。
哎！小朋友，不可以玩电梯按钮！这很危险！
博物馆参观路线图
保安叔叔
融融

博物馆参观路线图
融融
保安叔叔

故事 79 坐到巧克力上

语言能力培养第一步：WH 问题（前 6 个问题见图 1，第 7 个问题见图 2）

❶ 图片里有哪些人？

图片里有______。

❷ 他们在哪里？

博物馆 / 小区 / 学校 / 动物园；他们在______。

❸ 浩子把巧克力放哪儿了？

草丛里 / 垃圾桶里 / 凳子上 / 桌子上；浩子把巧克力放在______。

❹ 浩子让融融做什么？

去捡巧克力 / 来坐凳子 / 去扔垃圾 / 来帮他擦手；他让融融______。

❺ 结果发生了什么？

融融的裤子脏了 / 融融吃了巧克力 / 融融的裤子烂了 / 浩子扔了垃圾；______。

❻ 浩子有什么反应？

向融融道歉 / 嘲笑融融 / 围着融融跳舞 / 让大家来看；浩子______。

❼ 融融做了什么？

向浩子道歉 / 嘲笑浩子 / 打浩子 / 躺地大哭；融融______。

语言能力培养第二步：叙述事件

请用自己的话描述图片。

提示：图片里有融融和浩子，他们在动物园里。浩子把巧克力放在凳子上，让融融来坐凳子。结果，融融的裤子弄脏了。浩子嘲笑融融，融融打了浩子。

社交能力培养第一个方面：察言观色和换位思考——理解表情、动作、感受、想法（见图 2）

提问句式：xx 的肢体语言是怎样的？xx 的面部表情是怎样的？xx 有怎样的感受？xx 是怎样想的？

融融

肢体语言：站着 / 坐着；双手握拳 / 双手张开；双手伸向浩子 / 双手放身侧

面部表情：嘴巴抿紧 / 张开；眉头舒展 / 皱起；眼睛睁大 / 眯起

情绪感受：生气 / 无所谓

内心想法：A. 气死我了！ B. 你骗我！ C. 我要教训你！ D. 没关系，能洗得掉。

浩子

肢体语言：身体前倾 / 身体往后倒

面部表情：嘴角向上 / 向下；眉头皱起 / 舒展

情绪感受：疼痛 / 舒服

内心想法：A. 我也让你尝尝我的拳头！ B. 融融真滑稽！ C. 哎呀，好痛！ D. 我不该捉弄融融！

社交能力培养第二个方面：解决问题

图片呈现的主要问题是什么？

A. 融融的裤子脏了　B. 浩子骗融融

C. 浩子让融融做什么融融就做什么　D. 浩子骗融融，融融就打浩子来还击

浩子骗融融坐到巧克力上，还笑话融融，融融应该怎么办？

A. 不理他走开　B. 去告诉大人（妈妈、老师）

C. 打浩子　D. 告诉浩子不许欺负他

你有没有被人欺负过？我们应该怎么办？可以举例吗？

提示：可以结合孩子的经历给予提示。

社交能力培养第三个方面：推测结果

浩子骗融融坐到巧克力上，还笑话融融，融融打了浩子，结果怎样？

两个人打了起来，最后都被大人批评了。/ 浩子向融融道歉，以后再也不欺负融融了。

浩子骗融融坐到巧克力上，还笑话融融，融融严肃地警告浩子，结果怎样？

两个人打了起来，最后都被大人批评了。/ 浩子道歉，以后再也不欺负融融了。

社交能力培养第四个方面：使用适当的言辞（说什么）和语气（怎么说）

浩子骗融融坐到巧克力上，还笑话融融，融融可以说什么？

A. “不许再笑了，快向我道歉！”

B. “我去告诉你妈妈 / 老师！”

C. “我不喜欢这样，以后不准欺负我！不然我去告诉你妈妈 / 老师！”

D. “对不起，请不要笑话我！”

融融该用什么语气说话？

A. 严肃　B. 温柔　C. 高兴　D. 开玩笑

品格培养

用正当手段保护自己。当别人欺负你的时候，不能因为他们做了错事，你就也做错事，如反过来打他们、嘲笑他们。报复别人只能让你成为跟他们一样的人，还会做错事。我们要用正当手段解决问题，如严肃地告诉他们不许欺负自己，或者去告诉能管他们的老师或家长。

嘻嘻嘻！
融融，你裤子
脏了！
浩子
融融

刚才是你让我
坐这里的！你
是故意的！
浩子
融融

融融
浩子

故事 80 揭朋友的短

语言能力培养第一步：回答 WH 问题

1 图片里有哪些人？

图片里有______。

2 他们在哪里？

家 / 小区 / 野营地 / 学校；他们在______。

3 他们在做什么？

吃饭 / 聊天 / 学习 / 玩游戏；他们在______。

4 融融说了一件什么事？

阿松昨晚打我了 / 阿松昨晚哭了 / 阿松昨晚尿床了 / 阿松昨天打嗝了；融融说______。

5 大家有什么反应？

什么都反应都没有 / 笑了 / 说别的事 / 让融融不许说；大家______。

6 阿松有什么反应？

和大家一起笑 / 看上去又羞又气 / 说别的事 / 让融融不许说；阿松______。

语言能力培养第二步：叙述事件

请用自己的话描述图片。

提示：图片里有融融、融融的爸爸妈妈和妹妹、阿松以及阿松的爸爸妈妈，他们在野营地。他们在一起聊天，融融说阿松昨晚尿床了，大家笑了起来，阿松看上去又羞又气。

社交能力培养第一个方面：察言观色和换位思考——理解表情、动作、感受、想法

提问句式：xx 的肢体语言是怎样的？ xx 的面部表情是怎样的？ xx 有怎样的感受？xx 是怎样想的？

融融

肢体语言：扭头朝向阿松 / 低头；手指阿松 / 双手抱在胸前

面部表情：嘴角向上 / 向下；眉头舒展 / 皱起；微笑 / 板脸

情绪感受：好笑 / 担心

内心想法：A. 阿松的小秘密我要告诉大家，大家一定都会喜欢听。

B. 太好笑了！我要告诉大家。

C. 阿松这么大了还尿床！

D. 我要替阿松保守秘密。

阿松

肢体语言：一手放在膝盖上，另一手撑地 / 双手抱在胸前；面对融融 / 转身背对融融

面部表情：嘴巴张开 / 闭起；嘴角向上 / 向下；眉头皱起 / 舒展；眼睛睁大 / 眯起

情绪感受：生气 / 无所谓；难为情 / 得意

内心想法：A. 融融泄露我的秘密，可恶！

B. 这下大家都知道了，真不好意思！

C. 尿床算个啥？

D. 我也要想想融融做了什么不好的事，然后告诉大家！

社交能力培养第二个方面：解决问题

图片呈现的主要问题是什么？

A. 融融泄露阿松的小秘密　　B. 融融当着大家的面说关于大小便的话

C. 阿松太容易生气　　D. 大家大笑

阿松晚上尿床了，融融应该怎么办？

A. 告诉大家　　B. 保守秘密，谁都不告诉

C. 悄悄告诉妈妈　　D. 告诉阿松他也会尿床

还有哪些事情是我们不能在大家面前说的？可以举例吗？

提示：可以结合孩子的经历给予提示。

社交能力培养第三个方面：推测结果

阿松晚上尿床了，融融告诉大家，结果怎样？

阿松又羞又气。/ 阿松无所谓地继续和大家说话。

阿松晚上尿床了，融融没有告诉大家，说了别的事和大家分享，结果怎样？

阿松又羞又气。/ 大家在一起开心地聊天。

社交能力培养第四个方面：使用适当的言辞（说什么）和语气（怎么说）

阿松晚上尿床了，融融可以对他说什么？

A. 当时什么都不说，准备第二天当着大家的面说："阿松昨晚尿床了。"

B. "别担心，我谁也不告诉。"

C. "你这么大了还尿床啊！"

D. "没关系，都换下来洗洗就好了。"

融融该用什么语气说话？

A. 嘲笑　　B. 安慰　　C. 诚恳　　D. 生气

品格培养

说适宜的话。当着许多人的面不说不适宜的话，如关于大小便、不好闻的味道、不好听的声音，你会觉得好笑，但是会使当事人很不好意思。让他人感到不好意思或不高兴的话，我们都不要说。

你们知道吗？
昨晚阿松尿床了！
阿松爸爸
融融爸爸
融融妈妈
融融
融融妹妹
阿松
阿松妈妈

阿松爸爸
融融爸爸
融融妈妈
融融
融融妹妹
阿松
阿松妈妈

作者介绍

徐磊，注册言语治疗师（CCC-SLP），美国俄亥俄州立大学语言学博士，美国圣何塞州立大学语言和社交障碍学硕士，广州本位教育言语治疗总督导，拥有十年的美国公立学区言语治疗工作经验。

张晓莉，高级心理咨询师，高级家庭教育指导师，广州市越秀区融爱之家特殊儿童服务中心理事长，守望全国心智障碍者家长组织网络核心管委会成员兼华南网负责人，广州市番禺区融合教育试点学校教师培训特约讲师，连续四年担任番禺区送教上门的个案督导。

廖敏，香港教育大学教育硕士，广州本位教育咨询有限公司联合创始人，广州市越秀区融爱之家特殊儿童服务中心理事，广东省残疾人康复协会儿童孤独症康复专业委员会委员。

覃俊华，广州本位教育咨询有限公司特教主任，广州市越秀区融爱之家特殊儿童服务中心理事，特约讲师。擅长绘画，作品曾在漫画杂志《卡通王》上进行连载。从 2018 年开始正式进入特教行业，为特殊需要孩子开展入校融合课程百余场，组织特殊需要孩子及家庭开展各种活动 300 多场，有丰富的特教实践经验。